Karl Loewenstein · Apologie des liberalen Staatsdenkens

Karl Loewenstein

Apologie des liberalen Staatsdenkens

Herausgegeben von
Michael Kubitscheck

Klostermann **RoteReihe**

Bibliografische Information der Deutschen Nationalbibliothek

Die Deutsche Nationalbibliothek verzeichnet diese Publikation in der Deutschen Nationalbibliografie; detaillierte bibliografische Daten sind im Internet über *http://dnb.dnb.de* abrufbar.

Originalausgabe

© Vittorio Klostermann GmbH · Frankfurt am Main 2024
Alle Rechte vorbehalten, insbesondere die des Nachdrucks und der Übersetzung. Ohne Genehmigung des Verlages ist es nicht gestattet, dieses Werk oder Teile in einem photomechanischen oder sonstigen Reproduktionsverfahren oder unter Verwendung elektronischer Systeme zu verarbeiten, zu vervielfältigen und zu verbreiten.
Gedruckt auf Eos Werkdruck von Salzer,
alterungsbeständig ⊗ ISO 9706 und PEFC-zertifiziert.
Druck und Bindung: docupoint GmbH, Barleben
Printed in Germany
ISSN 1865-7095
ISBN 978-3-465-04655-4

Vorwort

Karl Loewensteins 1932 verfasste „Apologie des liberalen Staatsdenkens" ist ihrer Zeitgebundenheit nicht zu entkleiden. Wer würde dies auch wollen, lässt sie uns doch nicht nur eintauchen in die (wissenschaftlichen) Hauptkampflinien und den Zeitgeist am Ende Weimars, sondern führt uns auch an die Ursprünge dessen zurück, was wir heute wehrhafte Demokratie nennen. Gleichwohl ist die Schrift des liberalen Staatsrechtslehrers und demokratischen Verfassungspolitologen mehr als nur erinnerungswürdige Ideen- und Wissenschaftsgeschichte des 20. Jahrhunderts. Wenn heute das Autoritäre in einem unter dem Grundgesetz nie dagewesenen Ausmaß um sich greift, seine Vertreter den demokratischen Prozess verächtlich machen und auch nicht davor zurückschrecken, einen ethnischen Volksbegriff zu propagieren und Deportationspläne zu schmieden, dann darf niemand schweigen, auch die Wissenschaft nicht. Inspirationsquelle und Impulsgeberin zu sein für den Kampf gegen autoritäres Denken zum einen, für die Fortentwicklung des liberalen Staatsdenkens und seiner Verteidigung zum anderen – auch in dieser Hoffnung soll Loewensteins Schrift heute erscheinen.

Entstanden ist die Edition im Anschluss an eine Forschungsreise durch die USA, die mich im Frühjahr 2023 im Rahmen meines Dissertationsprojekts „Staatsrechtslehre im Exil" in unterschiedliche Archive in den Bundesstaaten New York, Massachusetts und New Hampshire geführt hat. Das hier edierte Typoskript lagert in den Archives & Special Collections des Amherst College in den Karl Loewenstein Papers, Box 25, Folder 24. Dem Archiv des Amherst College, Inhaber der Rechte am Nachlass Karl Loewensteins, danke ich für die Gestattung des Drucks, den Mitarbeiterinnen und Mitarbeitern desselben für die freundliche Unterstützung bei der Sichtung des Nachlasses.

Die Friedrich-Naumann-Stiftung für die Freiheit hat meine Forschungsreise in den USA ermöglicht. Dafür und für die langjährige Förderung, die sie mir seit dem zweiten Studiensemester zuteilwerden lässt, danke ich ihr herzlich. Besonderer Dank gebührt meinem Doktorvater, Herrn Professor Oliver Lepsius, der nicht nur das Entstehen dieser Edition gefördert hat, sondern auch meine Forschungen insgesamt im überobligatorischen Maße unterstützt. Für kritische Anmerkungen und Verbesserungsvorschläge zu einer vorherigen Version dieser Edition danke ich meinen Lehrstuhlkollegen Simon Pielhoff und Jonas Plebuch, für Hilfe beim Entziffern der Handschrift Loewensteins Teresa Dietrich, für Unterstützung bei der Formatierung Summejja Mustafić, Valentin Asper, Kilian Herzberg und Ismael Mohammed. Vittorio E. Klostermann danke ich herzlich für die Aufnahme der Edition in die „Rote Reihe", Martin Warny für das Lektorat des Textes.

Den lieben Menschen mit und hinter mir gebührt schließlich mein größter Dank.

Münster, Februar 2024   Michael Kubitscheck

Inhalt

Freiheitsplädoyer von der Anklagebank – eine kontextualisierende Einführung 9

  I.   Wider den Zeitgeist 9
  II. Drei Leseperspektiven 13
  III. Optimistischer Grundton mit pessimistischen Zwischentönen 19
  IV. Das Versagen der Staatsrechtslehre als Anlass 22
  V.   „Wertvoll und wichtig [...], dass sie veröffentlicht werde" 26
  VI. Editorische Hinweise 31

Apologie des liberalen Staatsdenkens 33

  I.   Vorbemerkung 33
  II.   Die Problemstellung 35
  III. Der alte und der neue Liberalismus 39
  IV.   Deutsche Staatsrechtswissenschaft und „liberalistisches" Staatsdenken 41
  V.   Der Liberalismus und seine Gegenspieler 49
  VI.   Die geistesgeschichtliche Situation des Liberalismus in Deutschland 56
  VII. Die inneren Gründe des antiliberalen Staatsdenkens 60
  VIII. Die liberalen Errungenschaften 65
  IX.   Freiheitsrechte und Staat 71
  X.   Die Forderung des Tages 81
  XI.   Die Aufgabe des liberalen Staatsdenkens 92

Nachwort 97
Quellen- und Literaturverzeichnis 99
    I.   Archivalien 99
    II.   Literatur 100

Freiheitsplädoyer von der Anklagebank – eine kontextualisierende Einführung

I. Wider den Zeitgeist

Der Liberalismus, in seiner engeren, parteipolitischen wie in seiner weiteren, philosophisch-weltanschaulichen Gestalt, bewegte sich Anfang der 1930er Jahre deutschlandweit in Richtung Abgrund. Für ihn schlug – in diesem Bild pflegte *Karl Loewenstein* zu schreiben – die elfte Stunde.[1] Seine parteipolitischen Organisationen waren marginalisiert, zwischen der politischen Rechten und Linken zerrissen und in die Bedeutungslosigkeit gefallen. Die nationalliberale Deutsche Volkspartei (DVP) wie die linksliberale Deutsche Staatspartei (DStP), die Nachfolgerin der Deutschen Demokratischen Partei (DDP), beide lange Zeit tragende Säulen republiktreuer Regierungen, hatten im Wahlvolk nahezu jeden Rückhalt verloren.[2] Auf ähnlich

---

[1] So auch der letzte Satz in einem am 11. September 1932 verfassten, unveröffentlicht gebliebenen Essay *Loewensteins* mit dem Titel „Staatsrechtswissenschaft und Verfassungskrise", Karl Loewenstein Papers, Box 25, Folder 22, Archiv des Amherst College. Zudem veröffentlichte *Loewenstein* im Jahre 1940 gemeinsam mit einem Kollegen am Amherst College, dem Historiker *Laurence B. Packard* (1887–1955), eine Schrift, in der er sich für eine interventionistische Politik der USA aussprach, um Europa und die Welt vor Diktatur und Unfreiheit zu bewahren, ehe es zu spät sei. Er gab der Schrift, die er als „literarische Waffe gegen die Hitlerei" (*Loewenstein*, Des Lebens Überfluß, 2023, 197) bezeichnete, den Titel „America's Eleventh Hour".

[2] Bei der Reichstagswahl im Juli 1932 kam die DVP auf 1,2 % der abgegebenen Stimmen (sieben Mandate von 608), die DStP gerade einmal auf 1,0 % und vier Mandate. Das ist der in Deutschland bis heute unüberbotene Tiefpunkt in der Geschichte des parteipolitisch organisierten Liberalismus bei freien Wahlen.

abschüssiger Bahn befand sich der akademisch-intellektuelle Liberalismus.[3] Auch hier hatten sich die Reihen merklich gelichtet, nicht zuletzt auch in den Kreisen der deutschen Staatsrechtslehre. Einige ihrer Vertreter, vornehmlich diejenigen, die zuvor schon ein unterkühltes Verhältnis zur Weimarer Republik hatten, verabschiedeten sich nunmehr gänzlich von liberalen Ideen und Idealen oder waren im Begriff, dies zu tun – sei es aus Verbitterung über die politische Gegenwart, aus Opportunismus oder aus Überzeugung. Andere waren für den Liberalismus ohnehin nie empfänglich gewesen. Insbesondere die junge Wissenschaft des Öffentlichen Rechts, die Geburtsjahrgänge 1900 bis 1910, ohne den Weltkrieg aus eigenem Soldatensein erlebt haben zu müssen (oder, wie sie es häufig empfanden, zu dürfen) und im krisengeschüttelten Weimarer sozialisiert, fremdelte ganz überwiegend mit liberalem Gedankengut. Das Autoritäre griff um sich. *Hans Kelsen*[4] brachte den intellektuellen Verfallsprozess seines Fachs in der Endphase der Weimarer Republik auf den Punkt, als er im April 1932 schrieb:

„Immer geringer ist die Zahl jener Theoretiker geworden, die an dieser Staatsform [der Demokratie] irgendwelche Vorzüge zu finden vermögen, ja sogar immer geringer die Zahl jener, die ihr Wesen in objektiver Erkenntnis zu erfassen bemüht sind. In den Kreisen der Staatsrechtslehrer und Soziologen versteht es sich heute beinahe von selbst, von Demokratie nur mit verächtlichen Worten zu sprechen, gilt als modern, die Diktatur – direkt oder

---

[3] Ideengeschichtlich zum deutschen Liberalismus der 1920er und 1930er Jahre *Hacke*, Existenzkrise der Demokratie, 2018. Weimars Liberalismus untersuchend jüngst *Grothe*, Freiheitliche Ideen, 2023, 94 ff. Siehe weiterführend nur das Standardwerk zur Geschichte des Liberalismus in Deutschland *Langewiesche*, Liberalismus in Deutschland, 1988 sowie die Beiträge in dem seit 1989 erscheinenden *Jahrbuch zur Liberalismus-Forschung*.

[4] Zur Biographie *Kelsens* (1881–1973), eines der bedeutendsten Rechtswissenschaftler und Demokratietheoretiker des 20. Jahrhunderts, eingehend *Olechowski*, Hans Kelsen, ²2021. Zum Œuvre siehe nur *Dreier*, Rechtslehre, Staatssoziologie und Demokratietheorie bei Hans Kelsen, ²1990; die Beiträge in Paulson/Stolleis (Hrsg.), Hans Kelsen, 2005; Jestaedt (Hrsg.), Hans Kelsen und die deutsche Staatsrechtslehre, 2013; *van Ooyen*, Hans Kelsen und die offene Gesellschaft, ²2017; Özmen (Hrsg.), Hans Kelsens Politische Philosophie, 2017; *Dreier*, Kelsen im Kontext, 2019; *Dreier*, Hans Kelsen zur Einführung, 2023.

indirekt – als das Morgenrot einer neuen Zeit zu begrüßen. Und diese Wendung der ‚wissenschaftlichen' Haltung geht Hand in Hand mit einem Wechsel der philosophischen Front: Fort von der jetzt als Flachheit verschrienen Klarheit des empirisch-kritischen Rationalismus, diesem geistigen Lebensraum der Demokratie, zurück zu der für Tiefe gehaltenen Dunkelheit der Metaphysik, zum Kultus eines nebulosen Irrationalen, dieser spezifischen Atmosphäre, in der seit je die verschiedenen Formen der Autokratie am besten gediehen sind. Das ist die Parole von heute."[5]

Gleichwohl gab es noch eine Traditionslinie innerhalb der Wissenschaftsgemeinschaft des Öffentlichen Rechts, die sich als liberal bezeichnen lässt – ob liberal im engeren, parteipolitischen, oder liberal im weiteren, philosophisch-weltanschaulichen Sinne, mithin all' diejenigen umfassend, die ungeachtet des parteipolitischen Bekenntnisses systemtragend für Rechtsstaatlichkeit und Deliberation, für Pluralismus und Parlamentarismus eintraten und weiterhin nicht anstanden, von Freiheit zu reden und damit auch die des Einzelnen zu meinen. Ihre Vertreter standen in Amt und Würden. Noch wurden sie – jedenfalls staatlicherseits – nicht verfolgt, vertrieben, verbannt.

Zu dieser liberalen Traditionslinie der Staatsrechtslehre gehörte neben *Hans Kelsen* auch *Karl Loewenstein*, seit 1931 Privatdozent für allgemeine Staatslehre, deutsches und ausländisches Staatsrecht sowie für Völkerrecht an der Universität München und als solcher frischgebackenes Mitglied der Vereinigung der Deutschen Staatsrechtslehrer.[6] Beide, *Kelsen* und *Loewenstein*, schrieben im Jahre 1932 Streitschriften zur Verteidigung der Weimarer Republik. *Kelsen*, der der Sozialdemokratie nahestand,[7] veröffentlichte seine im April 1932 in den *Blättern der Staatspartei*, dem Parteiorgan der DStP, unter dem Titel „Verteidigung der Demokratie"[8]. Es ist ein in gleich zweifacher

---

[5] *Kelsen*, Blätter der Staatspartei 2 (1932), 90, 92.
[6] Parallel dazu arbeitete *Loewenstein* (1891–1973) als Rechtsanwalt in München. Leben und Werk *Loewensteins* beleuchtet *Lang*, Karl Loewenstein, 2007. Siehe auch die Beiträge in van Ooyen (Hrsg.), Verfassungsrealismus, 2007 sowie *Greenberg*, The Weimar Century, 2015, 169 ff. Einen kompakten Zugriff auf Leben und Werk ermöglicht *Lepsius*, in: Häberle/Kilian/Wolff (Hrsg.), Staatsrechtslehrer des 20. Jahrhunderts: Deutschland – Österreich – Schweiz, ²2018. *Loewensteins* Lebenserinnerungen sind niedergelegt in *Loewenstein* (Fn. 1).
[7] *Olechowski* (Fn. 4), 178–184, 364, 428.
[8] *Kelsen* (Fn. 5).

Hinsicht herausragender Aufsatz: Zum einen tritt der Beitrag aus *Kelsens* Gesamtwerk hervor, denn während in seinen übrigen demokratiebezogenen Schriften primär die wissenschaftlich-nüchterne Ausarbeitung und Fundierung seiner Demokratietheorie im Vordergrund steht,[9] handelt es sich bei diesem achtseitigen, von einem Liberalismus im weiteren Sinne aus denkenden Aufsatz um ein flammendes, dezidiert politisch-subjektives Plädoyer für die Bewahrung der Demokratie in höchster Not.[10] Zum anderen gewinnt der Beitrag im Kontext von Zunft und Zeit eine besondere Bedeutung. In der Endphase Weimars erschien aus Staatsrechtslehrerfeder kein weiterer, mit „Verteidigung der Demokratie" vergleichbarer Beitrag. Den Kampf gegen die Gedankengiftmischung aus autoritärem Denken und vernunftentleertem, mystischem Kult kämpfte *Kelsen* für sein Fach allein.

Dieser „Notruf"[11], der letzte der deutschen Staatsrechtslehre, wäre nicht ohne Funktionsäquivalent verhallt, wenn *Karl Loewensteins* „Apologie des liberalen Staatsdenkens" publiziert worden wäre. Bei dieser Schrift handelt es sich um ein 56 Seiten umfassendes Typoskript, das der Verfasser, selbst Mitglied der DStP, im Januar 1932 verfasst hatte, um den Liberalismus auch im engeren Sinne und mit ihm zugleich die Demokratie zu verteidigen. Eine Edition dieser bis heute unveröffentlicht gebliebenen[12] Streitschrift eröffnet mindestens drei gewinnbringende Leseperspektiven.

---

[9] Insbesondere in *Kelsen*, Allgemeine Staatslehre, 1925, 310–328, 343–371, 409–417 und *Kelsen*, Vom Wesen und Wert der Demokratie, ²1929. Eine Sammlung der demokratietheoretischen Schriften *Kelsens* findet sich bei *Kelsen*, Verteidigung der Demokratie, 2006. Dort findet sich auch *Kelsens* „Verteidigung der Demokratie" abgedruckt, 229–237.

[10] Vgl. *Olechowski* (Fn. 4), 537, der zurecht meint, es handle sich bei *Kelsens* Aufsatz „um einen der bemerkenswertesten und bewunderungswürdigsten Aufsätze aus seiner Feder überhaupt". Die Bedeutung des Aufsatzes betonen auch *Oliver Lepsius* und *Matthias Jestaedt*, indem sie dessen Titel als Namensgeber für ihre Edition *Kelsen* (Fn. 9, 2006) verwenden und der dortigen Einführung ein Zitat aus eben jenem Aufsatz voranstellen.

[11] So *Dreier*, VVDStRL 60 (2001), 9, 10.

[12] Gleichwohl wurde sie in geringfügigem Maße rezipiert. Kursorische Wiedergabe und Einordnung der „Apologie des liberalen Staatsdenkens" bei

II. Drei Leseperspektiven

Erstens lohnt die Lektüre aus wissenschaftsgeschichtlicher Perspektive. Die Schrift gibt nicht nur einen Einblick in die geistige und politisch-weltanschauliche Verfasstheit der deutschen Staatsrechtslehre am Vorabend des Machtumschwungs 1933, sondern auch in das breite Spektrum an Themen, Gegenständen und Fragestellungen, die die Disziplin seinerzeit umtrieben. Vertreter verschiedener Traditionslinien des Fachs finden Erwähnung, unterschiedliche inhaltlich-methodische Zugriffe werden skizziert, kritisch gewürdigt und eingeordnet. Gleichzeitig adressiert die Abhandlung einige der zentralen zeitgenössischen Diskurse des Fachs und spiegelt dabei anschaulich die sie durchziehenden Hauptkampflinien wider. Staatsnotstandsrecht, Wahlrechtssystem, Notverordnungsrecht, Rechtsstaatsbegriff; zu allem führt *Loewenstein* näher aus und bezieht Stellung. Dabei legt er im Sinne einer intradisziplinären Selbstverortung, mal anspielend, mal namentlich, seine Mitstreiter wie Widersacher offen. Schließlich appelliert er an das Gewissen seiner Zunft- und Zeitgenossen – der, wie er es formuliert, „eigentlich berufenen Hüter[n] der Verfassung"[13] –, Weimars Republik mit allen Kräften zu stützen und ihr Verfassungskonstrukt nicht noch weiter zu unterminieren.[14]

Lang (Fn. 6), 154 ff. sowie wortgleich *Lang*, in: van Ooyen (Hrsg.), Verfassungsrealismus: Das Staatsverständnis von Karl Loewenstein, 2007, 57 ff. Knapp auch *Lang*, in: Söllner (Hrsg.), Deutsche Frankreich-Bücher aus der Zwischenkriegszeit, 2011, 101 f. Den letzten Satz des siebten Abschnitts der „Apologie" verwendet *Cordes*, Marie Munk (1885–1978), 2015, 868 als Ausgangspunkt und Eingangszitat, um *Karl Loewenstein* als Teil des persönlichen Netzwerkes *Munks* vorzustellen. Einzeilig in einer Fußnote noch *Greenberg* (Fn. 6), 177 (Fn. 17).

[13] Unveröffentlichter Essay mit dem Titel „Staatsrechtswissenschaft und Verfassungskrise" vom 11. September 1932, Karl Loewenstein Papers, Box 25, Folder 22, Archiv des Amherst College.

[14] Vgl. ebd. fordert *Loewenstein*, dass „doch der Staatsrechtslehrer sich nicht von dem Basiliskenblick der normativen Kraft des Faktischen lähmen lassen oder sie [die autoritäre Demokratie] gar, in verhängnisvoller Vertauschung der Kategorien Recht und Macht, ideologisch unterbauen" darf. Vielmehr gelte: „Auch in der gegenwärtigen ‚Verfassungsklemme' in Deutsch-

Zweitens lässt sich *Loewensteins* „Apologie des liberalen Staatsdenkens" aus werk- und ideengeschichtlicher Perspektive gewinnbringend lesen. Das gilt in doppelter Hinsicht: Zum einen findet sich im Abschnitt „Der Liberalismus und seine Gegenspieler" eine vergleichende Strukturanalyse der modernen Diktaturen Europas, konkret des faschistischen Italien und des bolschewistischen Russland. Diese Untersuchung ist nicht nur *Loewensteins* elaboriertester Beitrag auf diesem Feld,[15] sondern steht auch stellvertretend für die aus liberaldemokratischem Blickwinkel heraus betriebene komparatistische Diktaturforschung der Wissenschaftsgemeinschaft des Öffentlichen Rechts in den 1930er Jahren: *Hans Nawiasky, Hermann Heller, Hans Kelsen, Fritz Morstein Marx* – sie alle, in der Dichotomie von Autokratie und Demokratie denkend, erfassten ihren Gegenstand als Fundamentalgegensatz zur liberalen Demokratie, sie alle identifizierten dabei strukturelle Unterschiede, sie alle deckten aber auch eine erhebliche Anzahl grundsätzlicher Gemeinsamkeiten auf.[16] Vergleichende Herrschaftsanalysen dieser Art waren geistige Vorläufer einer allgemeinen Totalitarismustheorie, die 1946 durch *Gerhard Leibholz* eine erste Ausprägung[17] und einige Jahre später durch *Hannah Arendt* und *Carl Joachim Friedrich* ihre klassischen Ausformungen erhielt.[18]

---

land ist es Pflicht aller Verantwortungsbewussten, an erster Stelle der Staatsrechtswissenschaft, auf einen Ausweg zu sinnen, bei dem ein tödlicher Eingriff in die Substanz der Verfassungsordnung vermieden wird."

[15] Vgl. *Greenberg* (Fn. 6), 177 (Fn. 17).

[16] *Nawiasky*, Der Sinn der Reichsverfassung, 1931, 9 ff.; *Nawiasky*, Staatstypen der Gegenwart, 1934, 101–114, 131–161; *Heller*, Staatslehre, 1934, 177, 210–211, 246–248; *Kelsen*, Annuaire de l'Institut International de Droit Public 1935, 23 und *Morstein Marx*, Proceedings of the American Philosophical Society 82 (1940), 1.

[17] „Das Phänomen des totalen Staates", Rundfunkvortrag im November 1946 bei der BBC, wiederabgedruckt in *Leibholz*, in: Der Göttinger Arbeitskreis (Hrsg.), Mensch und Staat in Recht und Geschichte: Festschrift für Herbert Kraus zur Vollendung seines 70. Lebensjahres dargebracht von Freunden, Schülern und Mitarbeitern, 1954; *Leibholz*, Strukturprobleme der modernen Demokratie, 1958, 225 ff. sowie *Leibholz*, in: Seidel/Jenker (Hrsg.), Wege der Totalitarismus-Forschung, ³1974.

[18] *Arendt*, The Origins of Totalitarianism, 1951 und *Friedrich/Brzezinski*, Totalitarian Dictatorship and Autocracy, 1956. Die Entwicklungslinien hin

Zum anderen lässt die „Apologie des liberalen Staatsdenkens" einen ideengeschichtlich bedeutsamen Zwischenschritt zu Tage treten, den *Karl Loewenstein* auf dem Weg zu seinem im US-amerikanischen Exil entworfenen Konzept der „Militant Democracy", der wehrhaften Demokratie,[19] gegangen ist. Erste Grundgedanken dazu hatte *Loewenstein* bereits auf der vorerst letzten Tagung der Vereinigung der Deutschen Staatsrechtslehrer im Oktober 1931 in Halle ausformuliert, als er im Anschluss an den Vortrag von *Gerhard Leibholz*[20] in der Aussprache das Wort ergriff und der von dem Vortragenden an den Tag gelegten „‚Untergang des Abendlandes'-Stimmung" und dem allgemeinen „Gefühl der Hilflosigkeit und Machtlosigkeit" mit drei konkreten staatstechnischen Veränderungsvorschlägen entgegentrat:[21] Erstens könne es helfen, innerhalb der Parteien ein System der

zu einer Theorie des Totalitarismus zeichnet nach *Möll*, Gesellschaft und totalitäre Ordnung, 1998.

[19] *Loewenstein*, The American Political Science Review 31 (1937), 417 und *Loewenstein* The American Political Science Review 31 (1937), 638. Zum ideengeschichtlichen Hintergrund des Konzepts der wehrhaften Demokratie statt vieler *Kirshner*, A Theory of Militant Democracy, 2014; *Greenberg* (Fn. 6), 169 ff. sowie aus jüngerer Vergangenheit *Hacke*, in: Hausteiner/Straßenberger/Wassermann (Hrsg.), Politische Stabilität: Ordnungsversprechen, Demokratiegefährdung, Kampfbegriff, 2020; *Kaiser*, Ausnahmeverfassungsrecht, 2020, 160 ff.

[20] *Leibholz*, VVDStRL 7 (1932), 159. Siehe auch das Schlusswort von *Leibholz*, VVDStRL 7 (1932), 202. – *Gerhard Leibholz* (1901–1982), Studium der Rechte und Philosophie in Heidelberg, 1921 Promotion zum Dr. phil, 1925 Promotion zum Dr. iur. bei *Heinrich Triepel*, 1928 Habilitation bei demselben. Ab 1929 Professor für Öffentliches Recht in Greifswald, ab 1931 in Göttingen. Seiner ihm als „Nicht-Arier" drohenden Versetzung in den Ruhestand zum Jahresende 1935 kam er zuvor, indem er im Dezember desselben Jahres um seine vorzeitige Emeritierung bat. Emigrierte 1938 ins Vereinigte Königreich und beschäftigte sich wie *Loewenstein* in mehreren Beiträgen mit dem NS-Staat, siehe dazu das das Gros seiner Exilschriften bündelnde Werk *Leibholz*, Politics and Law, 1965. 1947 Rückkehr in den Göttinger Wissenschaftsbetrieb. Von 1951 bis 1971 amtierte *Leibholz* als Richter im Zweiten Senat des Bundesverfassungsgerichts. Seine Parteienstaatslehre hielt Einzug in die Rechtsprechung, sein Status-Bericht von 1952 prägte maßgeblich das Grundverständnis des Bundesverfassungsgerichts als Verfassungsorgan. Zu Leben und Werk *Wiegandt*, Norm und Wirklichkeit, 1995.

[21] *Loewenstein*, VVDStRL 7 (1932), 192.

öffentlichen Kandidatenvorauswahl nach dem US-amerikanischen Vorbild der Primaries zu etablieren. Zweitens müsse versucht werden, es den anderen großen Demokratien gleichzutun und vom Verhältnis- zum Mehrheitswahlsystem zu wechseln. Drittens wendet sich *Loewenstein*, ohne konkret zu werden, gegen die Feinde der liberalen Demokratie und trägt vor: „Der Staat hat die Pflicht der Selbsterhaltung, sich dagegen zu wehren, daß gerade den Parteien der parlamentarische Apparat zur Verfügung gestellt wird, die sich zum Programm gemacht haben, diesen Apparat zu zerschlagen. Die gewöhnlichen Mittel gegen parlamentarische Obstruktion reichen nicht aus. Die Parteien, welche programmatisch und durch die Tat den Parlamentarismus verwerfen, müßten von seiner Benutzung überhaupt ausgeschlossen werden […]. Der Staat, der von zwei radikalen Flügelparteien bewußt bedroht wird, muß sich entschlossen dagegen zur Wehr setzen."[22]

An das von ihm auf der Staatsrechtslehrertagung Vorgetragene knüpft *Loewenstein* in der „Apologie des liberalen Staatsdenkens" an. Zugleich verbreitert er das Reservoir seiner staatstechnischen Änderungs- und Verbesserungsvorschläge. Dabei sticht hervor, dass er das zuvor abstrakt formulierte Postulat, der Staat möge die Feinde der Demokratie aktiv bekämpfen, nunmehr konkret mit Leben füllt. Unter dem Schlagwort „Legalisierung der Parteien" fordert *Loewenstein* – einräumend, dass bei dieser Idee zeitgenössische Diktaturen „Gevatter gestanden" haben, und im entschiedenen Kontrast zu *Kelsen*[23] –, dass der Staat sowohl die Bildung von Parteien als auch deren Zulassung zur Wahl auf Reichs- und Landesebene dergestalt regeln solle, dass nur vier bis fünf staatlicherseits genehmigte Parteien in die

---

[22] Ebd., 193.
[23] *Kelsen* (Fn. 5), 98: „Ob die Demokratie sich nicht selbst verteidigen soll, auch gegen das Volk, das sie nicht mehr will, auch gegen eine Majorität, die in nichts anderem einig ist, als in dem Willen, die Demokratie zu zerstören. Diese Frage stellen, heißt schon, sie verneinen. *Eine Demokratie, die sich gegen den Willen der Mehrheit zu behaupten, gar mit Gewalt sich zu behaupten versucht, hat aufgehört, Demokratie zu sein.* Eine Volksherrschaft kann nicht gegen das Volk bestehen bleiben. Und soll es auch gar nicht versuchen, d.h. wer für die Demokratie ist, darf sich nicht in den verhängnisvollen Widerspruch verstricken lassen und zur Diktatur greifen, um die Demokratie zu retten."

Parlamente einziehen und so an der politischen Willensbildung partizipieren können. Diese privilegierten Parteien müssten die politischen Grundströmungen abbilden; darunter versteht *Loewenstein* in enumerativer Aufzählung nur die im weiteren Sinne noch auf dem Boden der Demokratie versammelten. Die Parteien des Kommunismus und des Nationalsozialismus haben in dieser Konzeption keinen Platz.

Drittens und schließlich ist die „Apologie des liberalen Staatsdenkens" ein Beitrag zur Geschichte und Interpretation des Liberalismus. *Loewensteins* Freiheitsverständnis ist ein ganzheitliches. Für ihn gehen politische und ökonomische Freiheit Hand in Hand, sie lassen sich nicht trennen, sind zwei Seiten derselben Medaille. Konsequent vom Individuum her denkend buchstabiert er Freiheit nicht nur als Gewaltengliederung, Meinungs-, Versammlungs- und Pressefreiheit, sondern übersetzt sie eben auch mit freiem Wettbewerb, Unternehmertum, Eigentums- und Vertragsfreiheit. Gleichwohl: In der Binnenhierarchie seines Liberalismusverständnisses stehen der Kampf gegen staatliche Interventionen in die Wirtschaft, gegen Regulierungen und protektionistische Bestrebungen nur „in zweiter Linie". Der Primat der Freiheit konstituiert für ihn allein die politische. Sie, die sich im Verfassungsrecht ausformt, ist es, die für *Loewenstein* den Grundstein legt, auf dem sich ihr wirtschaftliches Pendant erst errichten und entfalten lässt. Mit anderen Worten: Ohne politische Freiheit ist alle Freiheit nichts.

Während für *Loewenstein* liberales und rechtsstaatliches Staatsdenken deckungsgleich sind, erblickt er im Verhältnis des Liberalismus zur Demokratie ein ambivalentes, wechselbezügliches, eines, das pendelt zwischen Einheit und Frontstellung. Er arbeitet die immanenten Spannungen zwischen beiden heraus, nicht jedoch, um diese – wie etwa *Carl Schmitt* – vereinseitigt, zulasten der Freiheit aufzulösen, sondern um ihrer selbst willen, um im Graduellen, Interdependenten, Ambivalenten den Wesenskern ihres Verhältnisses zu bestimmen. Im Idealfall steht die Demokratie zur Maximierung der Freiheit des Einzelnen als wirkungsidentischer Mitstreiter an der Seite des Liberalismus. Zugleich fungiert sie – nur sie – als sein nicht wegzudenkender Wegbereiter, lässt sich die Idee der Freiheit doch ausschließlich in der Staatform der Demokratie verwirklichen; in Übereinstimmung mit *Kelsen*[24] und entgegen anderen liberalen Denkern, wie etwa *Friedrich August von Hayek*,[25] schließen für *Loewenstein* Liberalismus und Autoritarismus einander ganz grundsätzlich, wie „Wasser und Feuer", aus. Und weil dem so ist, weil für *Loewenstein* Liberalismus nur in der Demokratie gedacht werden kann, heißt für ihn Liberaler sein – vor allem in Krisenzeiten der Demokratie – immer auch, „unverbesserlicher Staatstechniker" zu sein, mithin einem iterativen, korrekturfähigen politischen Prozess und jenem inkrementalistischen Verfahren treu zu bleiben, das *Karl Popper* „piecemeal engineering" nennt.[26]

Ungeachtet ihrer Wesensnähe sind, können und werden Demokratie und Liberalismus für *Loewenstein* nie eins miteinander sein. Im Gegenteil: Wenn Volksherrschaft nicht mehr vom Einzelnen her gedacht, das heißt nicht mehr als Mittel zum Erreichen der „größtmöglichen Glückseligkeit" des Einzelnen verstanden wird, wenn sie stattdessen vom Volk oder Staat her gedacht, das heißt als Mittel zur Verwirklichung eines vom Einzelnen losgelösten Zwecks verstanden wird, dann entzweien sich Liberalismus und Demokratie, geraten in einen Zielkonflikt und schließlich in Gegnerschaft zueinander. Eine solche Umkehrung der Mittel-Zweck-Relation zu verhindern, das heißt, dem Denken vom „integralen", gar „totalen" Staat entgegen-

---

[24] Vgl. etwa ebd., 97: „Diese [die politische] Freiheit ist in jeder anderen als der demokratischen Staatsform unrettbar verloren. Vor allem in der Diktatur, mag das nun eine sozialistische oder nationalistische sein."

[25] *Hayek*, Gesammelte Schriften in deutscher Sprache, 2002, 70: „Liberalismus und Demokratie sind zwar miteinander vereinbar, jedoch nicht identisch. Beim Liberalismus geht es um das Ausmaß der Regierungsgewalt, bei der Demokratie darum, wer diese Gewalt ausübt. Am deutlichsten wird der Unterschied, wenn man das jeweilige Gegenteil betrachtet: das Gegenteil von Liberalismus ist Totalitarismus, das Gegenteil von Demokratie aber Autoritarismus. Demnach ist es zumindest grundsätzlich möglich, daß eine demokratische Regierung totalitär ist und daß eine autoritäre Regierung nach liberalen Grundsätzen handelt." Zum Liberalismusverständnis *Hayeks* und seiner Verhältnisbestimmung zur Demokratie in einem ersten Zugriff etwa *Vanberg*, ORDO 65 (2014), 345.

[26] Entfaltet in *Popper*, The Open Society and Its Enemies, 1945.

zutreten; darin erblickt *Loewenstein* die „ewige Funktion des Liberalismus". Ohne Demokratie ist alle Freiheit nichts. Ohne Freiheit ist alle Demokratie nichts.

III. Optimistischer Grundton mit pessimistischen Zwischentönen

Der liberale Blick auf die Welt ist zumeist ein zuversichtlicher, zukunftsbejahender, positiv gestimmter. Es gehört zur Wesensbestimmung des Liberalen, als der „unverbesserliche Optimist, als der er nun einmal gebrandmarkt durch die Welt geht" (*Loewenstein*), dem bei jeder sich bietenden Gelegenheit erhobenen „Untergangs"-Geschrei mit der Geduld und Gelassenheit des Rationalen zu begegnen und in diesem Sinne Gegenwart und Zukunft zu gestalten. „The best is yet to come" ist Gewissheit und Hoffnung zugleich.

Loewensteins „Apologie des liberalen Staatsdenkens" atmet ebenjenen Geist. Im Unterschied zu *Kelsens* pessimistischerem Duktus in „Verteidigung der Demokratie" durchzieht sie ein optimistischer basso continuo, der bei allen Unzulänglichkeiten der Gegenwart positiv auf die Zukunft blicken lässt, mag darin vereinzelt auch ein Stück weit der Versuch liegen, die Wirklichkeit zu beschönigen oder beiseitezuschieben. Insbesondere der – bereits damals für *Loewenstein* typische – vergleichende Blick in andere politische Systeme, in denen die Demokratie weiterhin Bestand hat,[27] soll zeigen: für das mit

---

[27] Mit seinem historisch-soziologisch angeleiteten, vergleichenden Blick in Regierungsstrukturen und -wirklichkeit, Verfassungsrecht und -praxis ausländischer Staaten stieg *Loewenstein* noch in Weimarer Tagen zum anerkannten Fachmann auf. Staats- und Völkerrechtslehrer *Josef Redlich* hielt *Loewenstein* für eine „der bemerkenswertesten Erscheinungen unter den jüngeren Staatsrechtslehrern Deutschlands", gerade weil er „zu den besten Kennern und zu den berufenen Beurteilern des Rechtes und der politischen Entwicklung der Demokratie in Frankreich und England gehört", Brief von *Josef Redlich* an *Gerhard Leibholz* vom 8. Juni 1931, Nachlass Gerhard Leibholz, N 1334/123, Bundesarchiv Koblenz. In die gleiche Richtung auch *Karl Rothenbücher* in einem Brief an *Gerhard Leibholz* vom 10. Juni 1931, N 1334/460, Bundesarchiv Koblenz, in dem er *Loewenstein* attestierte, ein scharfsinniger Jurist zu sein, der sich „vor manchen anderen dadurch aus[zeichnet], dass er

schwerwiegenden politischen wie ökonomischen Vorbelastungen gestartete und von multiplen Krisen durchgeschüttelte Weimar ist es noch nicht zu spät.[28] Gleichwohl klingen durch *Loewensteins* optimistischen Grundton vereinzelt auch negative Zwischentöne durch. Hier und da taucht mancher Vorbehalt, mancher Zweifel auf, und an einer Stelle, zum Ende der Abhandlung, billigt *Loewenstein* dem um die Wiederholungspotentiale der Geschichte wissenden liberalen Staatsdenker gar zu, gegenüber Neuem zumindest in Teilen auch „skeptisch" sein zu dürfen.

Große Bedeutung kommt in diesem Zusammenhang dem von *Loewenstein* gewählten Titel der Abhandlung zu. Er spielt auf *Platons* „Apologie des Sokrates" an. Diese Schrift besteht aus drei Reden, die *Sokrates* vor einem großen Geschworenengericht der Heliaia, dem obersten Gerichtshof des antiken Athen, in Verteidigung gegen seine Anklage wegen Unfrömmigkeit (Asebie) und Verführung der Jugend hält, und die – wenngleich inhaltlich überzeugend vorgetragen – weder den Schuldspruch noch das Strafmaß, die Verhängung der Todesstrafe, verhindern können. Die Hinrichtung folgt auf dem Fuße. Die Analogie zum Liberalismus am Ende der Weimarer Periode ist rasch gebildet. Auch sie sieht sich mit massiven Vorwürfen belastet

---

ausländische Verhältnisse, vor allem Englands und Italiens, aus eigener Anschauung kennt und dass er auch nach der Seite soziologischer Zusammenhänge interessiert ist". An seinen Weimarer Wissenschaftszugriff anknüpfend siehe die ausführliche Bestandsaufnahme zu den politischen Systemen Europas *Loewenstein*, The American Political Science Review 29 (1935), 571; *Loewenstein*, The American Political Science Review 29 (1935), 755. Ganz im Zeichen komparatistischer Forschung steht auch sein opus magnum, *Loewenstein*, Political Power and the Governmental Process, 1957, 2. Aufl. 1962, in deutscher Sprache *Loewenstein*, Verfassungslehre, [3]1975.

[28] Anders *Loewenstein* dann acht Monate später in einem am 11. September 1932 verfassten, unveröffentlicht gebliebenen Essay mit dem Titel „Staatsrechtswissenschaft und Verfassungskrise", Karl Loewenstein Papers, Box 25, Folder 22, Archiv des Amherst College. Darin ist ihm nahezu jeder Optimismus abhandengekommen. Noch mahnt, warnt und appelliert er. Das hindert ihn jedoch nicht daran, gleichzeitig auch der Realität ins Auge zu blicken: Der liberale Geist ist aus dem Verfassungskonstrukt längst hinausgefegt worden; auch für *Loewenstein* steht die Verfassung Weimars vor ihrem Ende.

auf der Anklagebank sitzen, aus Sicht *Loewensteins* zwar mit den besseren Argumenten auf ihrer Seite, dennoch – das kann der immer wiederkehrende Optimismus, der seine Schrift durchzieht, nie ganz verbergen – kurz vor dem endgültigen Untergang stehend, im Begriff, in den Abgrund gestürzt zu werden. Eine Anspielung auf *Platons* Text liegt deshalb so nahe, weil *Loewenstein* nicht nur mit der griechischen Sprache und Literatur im Allgemeinen bestens vertraut war,[29] sondern auch mit *Sokrates*' Leben und Werk im Speziellen. Unter entsprechenden Referenzen in seinen Schriften gibt es zwei, die in unserem Zusammenhang besondere Relevanz gewinnen. In seinem opus magnum, der Verfassungslehre, verweist er auf das Ableben des *Sokrates* als Ausdruck politischer Fehlentwicklungen in Griechenland,[30] und in seiner Autobiographie vergleicht er schließlich sein eigenes, als aus Raum und Zeit gefallen empfundenes Schicksal mit dem des griechischen Philosophen.[31]

---

[29] Während seiner Gymnasialzeit lernte *Loewenstein* sechs Jahre lang Griechisch, später vertiefte er im Rahmen historischer Studien seine Kenntnisse in dieser Sprache, *Loewenstein* (Fn. 1), 23. Seine Affinität zum Griechischen belegt die Tatsache, dass er seiner Habilitationsschrift (*Loewenstein*, Erscheinungsformen der Verfassungsänderung, 1931, I) ein längeres Zitat des griechischen Politikers und Rhetorikers *Demosthenes* (384 v. Chr. – 322 v. Chr.) voranstellte.

[30] In *Loewenstein* (Fn. 27, 1975), 74 heißt es: „Während die Griechen der Menschheit wahre Schätze der Literatur, der Kunst, der Philosophie, der Naturwissenschaften und der politischen Wissenschaften schenkten, erwies sich ihr Regierungssystem als ein Fehlschlag. Sie verwiesen Themistokles, ihren Washington, der sie vom persischen Imperialismus errettet hatte, des Landes, so daß er ein ungewisses Asyl am Hofe des Erzfeindes suchen mußte. Sie verbannten Aristides, dessen Name seitdem zum Symbol der Sauberkeit in der Politik geworden ist. Sie hießen Sokrates den Schierlingsbecher trinken."

[31] *Loewenstein* (Fn. 1), 377: „Weit schwerer wiegt und, in der Tat, es beschattet meinen Lebensabend, daß ich mich im amerikanischen Milieu von heute nicht mehr wohl fühle. Es ist eine Entfremdung eingetreten, die zu verheilen die intellektuelle Rechtschaffenheit verbietet, die uns Max Weber gelehrt hatte. Das für den Sachverhalt aufgekommene Modewort ist alienation. Seine Aufdeckung darf man der zeitgenössischen Psychologie zuschreiben, aber die Erscheinung selbst, das Gefühl eines Menschen also, nicht in seine Umgebung oder nicht in seine Zeit zu passen, ist so alt wie die Menschheit selbst. Man könnte Sokrates und Rousseau als ‚Entfremdete' verstehen."

IV. Das Versagen der Staatsrechtslehre als Anlass

Loewensteins „Apologie des liberalen Staatsdenkens" kann nicht ohne die antidemokratische Grundhaltung des Gros der Weimarer Staatsrechtslehre, ohne das Schweigen und Versagen der Fachdisziplin gedacht werden. Es ist das bestenfalls unterkühlte, oft genug jedoch von tiefer Abneigung beseelte Verhältnis der Mehrheit seiner Kollegen zur liberalen Demokratie, zu Pluralismus und Parlamentarismus, die ihn zum Abfassen seiner Abhandlung bewegten. Die „Apologie des liberalen Staatsdenkens" ist Zunft-Kritik; in *Loewensteins* Worten „[e]ine Streitschrift"[32], ein „Protest gegen die Protestlosigkeit" innerhalb der Disziplin, die sich um den Aufbau und die Funktionsfähigkeit der jungen Demokratie im ersten Jahrzehnt ihrer Existenz doch so sehr verdient gemacht hatte.[33]

Ihren konkreten äußeren Anlass findet *Loewensteins* Verteidigungsschrift in der bereits erwähnten Hallenser Tagung der Vereinigung

---

[32] Brief von *Karl Loewenstein* an *Oskar Siebeck* vom 20. September 1932, Nachlass 488, A 0467, 1, Blatt 175, Archiv des Verlages J. C. B. Mohr (Paul Siebeck), Abteilung Handschriften und Historische Drucke, Staatsbibliothek zu Berlin – Preußischer Kulturbesitz.

[33] Unveröffentlichtes Manuskript „Staatsrechtswissenschaft und Verfassungskrise" vom 11. September 1932, Karl Loewenstein Papers, Box 25, Folder 22, Archiv des Amherst College. Ebd. anerkennt *Loewenstein* die vorherigen Verdienste der Weimarer Staatsrechtslehre, angesichts derer ihre nunmehrige Haltung „umso unverständlicher" und „[v]öllig unbegreiflich, ja unentschuldbar" sei: „Die deutsche Staatsrechtswissenschaft kann auf das erste Dezennium seit dem Inkrafttreten der Verfassung von Weimar mit berechtigtem Stolz zurückblicken: Sie hat nicht nur dazu beigetragen, den ‚Notbau' des Verfassungshauses bewohnbar zu machen, sondern sie hat auch bei den bei einer neuen Verfassung unausbleiblichen, von Süd und Nord angestellten Belastungsproben der jeweiligen Staatsleitung verfassungsrechtlich einwandfreie und verfassungspolitisch brauchbare Lösungen zur Verfügung gestellt. Ihr höchstes Verdienst ist, dass sie auch in Krisenzeiten die rechtsstaatliche Berechenbarkeit des Verfassungsablaufs gewährleistet hat; sie hat in diesem Sinne im Aufbau eines unmissverständlichen verfassungsrechtlichen Positivismus – bei einer neuen Verfassung eine besonders schwierige Aufgabe – das Erbe des Liberalismus, der ohne positives d. h. berechenbares Recht nicht existieren kann, getreulich verwaltet."

der Deutschen Staatsrechtslehrer im Oktober 1931. Auf dieser Tagung, die nicht nur die letzte, sondern auch die bestbesuchte[34] der Weimarer Periode war, intervenierte der frisch in den Kreis seiner Fachkollegen aufgenommene *Loewenstein* in der Aussprache an die Referate zur Wahlrechtsreform zur Verteidigung der Demokratie, plädierte für Reform statt Totalrevision. Wenige Wochen danach veröffentlichte der pro-nationalsozialistische Staatsrechtslehrer *Otto Koellreutter*[35] in der Zeitschrift für Politik einen Aufsatz mit dem Titel „Zur Krise des liberalistischen Staatsdenkens"; den er zugleich als

---

[34] In seinem Tagungsbericht spricht *Giese*, Deutsche Juristen-Zeitung 36 (1931), Sp. 1438, 1438 von einem „starke[n], alle Erwartungen übertreffende[n] und alle bisherigen Versammlungen in den Schatten stellende[n] Besuch". Zu der auf dieser Tagung mit großer Mehrheit beschlossenen Stellungnahme, in der die Regierungen von Reich und Ländern zu einer zurückhaltenderen Anwendung des Notverordnungsrechts aufgerufen wurden, näher *Kley*, in: Cancik/Kley/Schulze-Fielitz/Waldhoff/Wiederin (Hrsg.), Streitsache Staat: Die Vereinigung der Deutschen Staatsrechtslehrer 1922–2022, 2022, 46 ff., der in ihr „eine vorsichtige und schwache Mahnung" sieht, die für die Vereinigung das „Vermächtnis der Weimarer Zeit" (ebd., 47) bilde. Rückblickend auf die Tagung schreibt *Erich Kaufmann* an *Gerhard Leibholz* in einem Brief vom 2. November 1945, Nachlass Gerhard Leibholz, N 1334/588, Bundesarchiv Koblenz: „Die Hallenser Tagung der Staatsrechtler-Vereinigung gehört zu den peinlichsten Erinnerungen; sie war der Anlass, dass ich mich immer mehr von den ‚Fachkollegen' zurückzog, da ich fühlte, dass wir uns nichts mehr zu sagen hätten."

[35] *Otto Koellreutter* (1883–1972), Habilitation 1912 in Freiburg, nach Fronteinsatz 1918 Professor in Freiburg, 1920 in Halle und ab 1921 in Jena. Neben *Carl Sartorius* und *Hans Kelsen* 1931 Mitglied des letzten Vorstands der Vereinigung der Deutschen Staatsrechtslehrer in der Weimarer Periode. Anhänger des Nationalsozialismus seit 1930, Wahlaufruf für die NSDAP im Vorfeld der Reichstagswahl im Juli 1932, seit Mai 1933 Mitglied der NSDAP. An vorderster Front beteiligt an der pseudowissenschaftlichen Legitimierung, Rechtfertigung und Förderung der NS-Herrschaft. 1945 seines Amtes enthoben, 1949 in den Ruhestand versetzt. Einer der wenigen NS-belasteten Staatsrechtslehrer, dem in der Bundesrepublik der Weg in die Vereinigung der Deutschen Staatsrechtslehrer vollständig versperrt blieb. Zu Leben und Werk *Schmidt*, Otto Koellreutter, 1995.

"Epilog" zur vorangegangenen Tagung der Vereinigung der Deutschen Staatsrechtslehrer verstanden wissen will.[36] In dem Beitrag sitzt nicht nur das liberale Staatsdenken als solches auf der Anklagebank, sondern als dessen exponierter Vertreter auch *Karl Loewenstein* selbst.[37] *Koellreutter* formuliert zwar im Plural, wenn er über die Aussprache schreibt: "Die Vertreter eines liberalistischen Staatsdenkens suchten durch den Hinweis auf amerikanische und englische Vorbilder das Aussichtsvolle einer rechtstechnischen Wahlreform zu demonstrieren."[38] In der Diskussion um die Wahlrechtsreform war es

---

[36] *Koellreutter*, Zeitschrift für Politik 21 (1932), 472. Neben den *Loewensteins* Intervention unerwähnt lassenden Berichten von *Giese* (Fn. 34) und *Scheuner*, Reichsverwaltungsblatt und Preußisches Verwaltungsblatt 52 (1931), 934 stammt ein ausführlicher und im Verhältnis zu *Koellreutter* zurückhaltenderer Bericht zur Hallenser Tagung von *Köttgen*, Archiv des öffentlichen Rechts 60 (1932), 404. Ohne den Urheber des Vorgetragenen explizit zu nennen, wendet sich auch *Köttgen* gegen *Loewenstein*, indem er in seinem Schlusssatz eine Formulierung *Loewensteins* aufgreift, sie inhaltlich jedoch in eine entgegengesetzte Richtung uminterpretiert, ebd., 431: "Und wenn daher jeder Pessimismus, jede ,Untergang-des-Abendlandes-Stimmung', wie es in der Diskussion formuliert wurde, trotz aller offenbaren politischen Nöte des Augenblicks verfehlt erscheint, so m. E. nicht, weil auch dieser identitäre Parteienstaat eine politische Lebensmöglichkeit bietet, sondern deswegen, weil eben in den Reihen der Parteien selber sich ein ganz grundsätzlicher Umschwung in Richtung auf eine erneuerte repräsentative Ordnung bemerkbar zu machen scheint."

[37] Als "Mitangeklagter" an *Loewensteins* Seite saß *Hans Kelsen*, siehe nur *Koellreutter* (Fn. 36), 472 f.: "Wenn wir uns z. B. klarmachen, daß die ,reine' Rechtslehre Hans Kelsens der letzte Ausdruck eines radikalen Liberalismus und damit einer ganz bestimmten geistigen Haltung ist, die von ihrem Standpunkt aus ganz konsequent den Primat der staatlichen Bindung und Verantwortung des einzelnen im Staat und für den Staat ablehnen muß, so ergibt sich daraus, daß von dieser Anschauung aus keine Brücke führt zu einer geistigen Haltung, die ganz bewußt den einzelnen in erster Linie als verantwortungsbewußtes Glied einer nationalen Lebensgemeinschaft auferlegt und erst in diesem Rahmen ihm auch rechtliche Sicherungen und Garantien geben kann." Siehe noch inhaltlich gleichlaufend zu *Koellreutters* Einschätzung des auf der Staatsrechtslehrertagung Vorgetragenen die Tagebuch-Notiz *Carl Schmitts* zum 29. Oktober 1931, *Schmitt,* Tagebücher 1930 bis 1934, 2012, 141: "Nachmittags Referat Leibholz, großer Erfolg, scheußlich Loewenstein."

[38] *Koellreutter* (Fn. 36), 475.

jedoch allein *Loewenstein*, der in seiner Argumentation auf angloamerikanische Beispiele zurückgriff. Nur er konnte gemeint sein.[39] Gleiches gilt, wenn *Koellreutter* schreibt: „Und es stimmte sehr nachdenklich, wenn ein Diskussionsredner sich förmlich an die Möglichkeit einer Wahlrechtsreform, deren ganze Problematik in der jetzigen politisch-soziologischen Situation durch den Mitberichterstatter klar herausgestellt war, klammerte, weil er sonst nur den ‚Kladderadatsch' oder das Chaos vor sich sah."[40] Auch hier konnte nur *Loewenstein* gemeint sein. Der äußere Anlass für eine Replik, für die „Apologie des liberalen Staatsdenkens", war gegeben. In einem Brief an *Gerhard Leibholz* vom 10. Dezember 1931 deutete *Loewenstein* seine Absicht zum publizistischen Gegenschlag an: Es wäre „so wichtig, das ‚liberalistische' Staatsdenken noch einmal, kurz vor Torschluss, zu verteidigen".[41] Eineinhalb Monate später, am 30. Januar 1932, hatte *Loewenstein* seine „Apologie des liberalen Staatsdenkens" niedergeschrieben.

---

[39] Das legt auch der Diskussionsbeitrag von *Koellreutter*, VVDStRL 7 (1932), 198, 198 f. nahe: „Das geltende englische Wahlrecht mag, wie Herr Löwenstein betont hat, vielleicht von einem ideologischen – ich möchte sagen liberalistisch-individualistischen – Standpunkte aus miserabel sein. Ich habe dagegen aber immer die politisch vereinheitlichende Funktion dieses relativen Mehrheitswahlrechtes betont, das wesentlich mit dazu beigetragen hat die Regierungsbildung in dem bisher noch immer funktionsfähigen Parteienstaate sicherzustellen." *Loewenstein* (Fn. 21), 193 hatte zuvor ausgeführt: „Man sollte auch unter dem Eindruck der Darstellung von Leibholz nicht vergessen, daß der Parlamentarismus noch lebt; er funktioniert noch in zahlreichen wichtigen Ländern innerhalb und außerhalb Europas, wenn nicht reibungslos, so doch ausreichend und doppelt ausreichend gerade in Gefahrenzeiten. Die vorgestrigen Wahlen in England beweisen, daß selbst bei einem vom ideologischen Standpunkt aus miserablen Wahlrecht eine legale Form der Staatswillensbildung auf parlamentarischer Basis möglich ist, die alle Vorzüge der Machtkonzentration der Diktatur aufweist."
[40] *Koellreutter* (Fn. 36), 475.
[41] Brief von *Karl Loewenstein* an *Gerhard Leibholz* vom 10. Dezember 1931, Nachlass Gerhard Leibholz, N 1334/460, Bundesarchiv Koblenz.

V. „Wertvoll und wichtig [...], dass sie veröffentlicht werde"

Die Geschichte der Nicht-Publikation der „Apologie des liberalen Staatsdenkens" lässt sich anhand unterschiedlicher Archivalien detailliert nachzeichnen. Nach ihrer Fertigstellung Ende Januar 1932 übersandte *Loewenstein* die Abhandlung seinem Habilitationsvater *Karl Rothenbücher*[42] und bat ihn um eine Einschätzung hinsichtlich der Publikationsfähigkeit der Schrift. In einem zweiseitigen Antwortschreiben vom 19. April 1932[43] unterbreitete *Rothenbücher* in dem Bestreben, „Ihnen ein Bild zu geben, wie der Aufsatz auf jemanden wirkt, der in der Sache selbst mit Ihnen einig geht", drei kleinere inhaltliche Anregungen. Neben zwei Kürzungsvorschlägen[44] wies er darauf hin, dass *Koellreutters* Angriffe „Ihnen mehr äusseren Anlaß [geben] als dass Sie sich im weiteren Verlaufe Ihres Aufsatzes eingehend mit ihnen auseinandersetzen", fügte jedoch einschränkend hinzu, dass er „dies an sich für keinen Nachteil" halte, denn es sei nicht leicht, „bei diesen unklaren und vagen Aeusserungen fest anzupacken". Im Übrigen ließ *Rothenbücher Loewenstein* wissen, dass für ihn die „Apologie des liberalen Staatsdenkens der Veröffentlichung wert ist und dass es auch wertvoll und wichtig ist, dass sie veröffentlicht

---

[42] *Karl Rothenbücher* (1880–1932), Promotion 1906, Habilitation 1908, seitdem an der Universität München erst Privatdozent, ab 1912 dann Professor für Kirchen- und Staatsrecht. Demokrat, Republikanhänger, vor allem auch überzeugter Liberaler, Verfechter eines individuellen Freiheitsbegriffs, Rechtspositivist. Mit seinem Referat auf der Staatsrechtslehrertagung 1927 hat sich *Rothenbücher*, VVDStRL 4 (1928), 6 in besonderer Weise um die dogmatische Durchdringung der Meinungsfreiheit verdient gemacht. *Rothenbüchers* Leben, Werk und Wirken für die Wissenschaft und die liberale Demokratie würdigt *Neumeyer*, Zeitschrift für Öffentliches Recht 13 (1933), 1.

[43] Schreiben von *Karl Rothenbücher* an *Karl Loewenstein* vom 19. April 1932, Karl Loewenstein Papers, Box 25, Folder 24, Archiv des Amherst College.

[44] Konkret gibt *Rothenbücher* ebd. zu bedenken, „ob es für die Autorität der Staatsrechtslehrer besonders förderlich ist, darauf hinzuweisen, dass sie in einer ihre Interessen unmittelbar betreffenden Frage einmütig liberal sind". Die entsprechende Stelle findet sich unter IX. der „Apologie". Außerdem weist *Rothenbücher* ebd. darauf hin, dass „die Gesamthaltung des Aufsatzes und sein Rhythmus vielleicht an denjenigen Stellen gestört wird, wo der Verfasser zu gesetzespolitischen Fragen, wie Änderung des Wahlrechts, Stellung nimmt". Die entsprechende Stelle findet sich unter II. der „Apologie".

werde", denn „in der letzten Zeit [ist] nirgends offen und eindrucksvoll der liberale Staatsgedanke, so wie Sie ihn sehen, vertreten worden". Zugleich empfahl er ihm, sich an den J. C. B. Mohr (Paul Siebeck) Verlag zu wenden und um die Aufnahme seiner Abhandlung in die Rang und Namen versammelnde[45] Schriftenreihe „Recht und Staat in Geschichte und Gegenwart" zu bitten.

Zum Zeitpunkt des Schreibens *Rothenbüchers* stand *Loewenstein* in dieser Angelegenheit bereits in Kontakt mit dem Verlag. In einem Brief von *Loewenstein* an den J. C. B. Mohr (Paul Siebeck) Verlag vom 1. April 1932 heißt es: „Wenn Ihr Herr Dr. Siebeck einmal nach München kommt, hätte ich ihn gerne wegen eines grösseren Buchplanes gesprochen; die Sache eignet sich nicht für eine schriftliche Erörterung, weshalb mir eine persönliche Besprechung erwünscht wäre."[46] Diese persönliche Besprechung sollte tatsächlich stattfinden, jedoch erst rund fünf Monate später, am 8. September 1932. Die Beratungen in München, die auch die Gelegenheit boten, die zwischen Verlagsleiter *Oskar Siebeck* und *Loewenstein* bestehende „flüchtige Bekanntschaft" zu erneuern,[47] mündeten in der grundsätzlichen Zusicherung der Aufnahme der Abhandlung in die gewünschte Schriftenreihe. *Siebeck* erwartete „längstens im Oktober das druckfertige Manuskript".[48]

---

[45] Beispielsweise *Nawiasky*, Die Stellung der Regierung im modernen Staat, 1925; *Heller*, Rechtsstaat oder Diktatur?, 1930; *Schmitt*, Hugo Preuss, 1930; *Kelsen*, Staatsform und Weltanschauung, 1933.
[46] Brief von *Karl Loewenstein* an den J. C. B. Mohr (Paul Siebeck) Verlag vom 1. April 1932, Nachlass 488, A 0467, 1, Blatt 187, Archiv des Verlages J. C. B. Mohr (Paul Siebeck), Abteilung Handschriften und Historische Drucke, Staatsbibliothek zu Berlin – Preußischer Kulturbesitz.
[47] Brief von *Karl Loewenstein* an *Oskar Siebeck* vom 20. September 1932, ebd., Blatt 175: „Auch ich habe mich sehr gefreut, die Bekanntschaft mit Ihnen erneuern zu dürfen. Ich rechne mich ja allmählich zu Ihren Hausautoren und das angenehme Verhältnis zum Verleger ist für den wissenschaftlichen Schriftsteller ein besonderes Aktivum."
[48] Brief von *Oskar Siebeck* an *Karl Loewenstein* vom 14. September 1932, ebd., Blatt 176.

Unterdessen beabsichtigte *Loewenstein*, an der Ursprungsversion der „Apologie" vom Januar 1932 noch einige Änderungen vorzunehmen. Mit Schreiben vom 20. September 1932 bat er *Siebeck* um etwas Geduld:

„Der Titel meiner Abhandlung für Ihre Sammlung Recht und Staat lautet: ‚Apologie der liberalen Staatsgesinnung'. Ich beabsichtige den Untertitel hinzuzufügen: ‚Eine Streitschrift wider ihre Verächter'. Es wird aber doch noch einige Wochen dauern, bis ich Ihnen das druckfertige Manuskript einsenden kann. Ich bin in den letzten Tagen durch meine Praxis derart in Anspruch genommen, dass ich zur beabsichtigten Durcharbeitung des Manuskripts nicht gekommen bin. Auch muss eine Ergänzung wegen der jetzt propagierten Präsidialregierung hereingearbeitet werden."[49]

In der Folgezeit trieb *Oskar Siebeck* den Publikationsprozess weiter voran. Am 4. Oktober 1932 schrieb er an *Loewenstein*: „Für Ihre ‚Apologie der liberalen Staatsgesinnung' möchte ich Ihnen die in dem beiliegenden Vertragsentwurf vorgesehenen Verlagsbedingungen anbieten", die Drucklegung könne „jederzeit erfolgen".[50] *Otto Koellreutter*, der äußere Anlassgeber der „Apologie" und zugleich *Loewensteins* inhaltlicher Gegenspieler, war bereits über die sich ankündigende Veröffentlichung informiert: „Schon heute darf ich Sie im Namen von Herrn Professor Koellreutter, der mich dieser Tage hier besucht hat, um die Ermächtigung bitten, ihm seinerzeit einen Abzug der Fahnenkorrektur zur Kenntnis vorzulegen."[51] Auch um die öffentliche Bewerbung der Schrift kümmerte sich *Siebeck* bereits. In einem Schreiben vom 14. Oktober 1932 ließ er *Loewenstein* wissen:

„[F]ür meine Sammlung ‚Recht und Staat' sind mir in letzter Zeit verschiedene ausgezeichnete Manuskripte angeboten worden, u.a. auch ein Vortrag von Professor Gerber über ‚Freiheit und Bindung der Staatsgewalt'[52], der schon nach den Berichten in der Landespresse überall viel Beachtung gefunden hat. Ihre ‚Apologie des liberalen Staatsgedankens' müsste möglichst gleichzeitig mit diesem Heft oder in rascher Folge darauf veröffentlicht werden können. Dazu kommt, dass ich noch in diesem Monate beabsichtige,

---

[49] Brief von *Karl Loewenstein* an *Oskar Siebeck* vom 20. September 1932, ebd., Blatt 175.
[50] Brief von *Oskar Siebeck* an *Karl Loewenstein* vom 4. Oktober 1932, ebd., Blatt 173.
[51] Brief von *Oskar Siebeck* an *Karl Loewenstein* vom 4. Oktober 1932, ebd. Blatt 173 f.
[52] *Gerber*, Freiheit und Bindung der Staatsgewalt, 1932.

ein ‚Grünes Heft' zu verschicken, in dem diese neuen Hefte vorteilhaft bekannt gemacht werden können. Diese Gelegenheit sollte für Ihre Abhandlung nicht verpasst werden. Ich wäre Ihnen daher besonders dankbar, wenn Sie mir schon einmal den Entwurf einer Selbstanzeige schicken könnten. Am liebsten wäre es mir natürlich, wenn das Manuskript gleich mitbekommen [sic!] könnte."[53]

Siebecks Wunsch sollte jedoch unerfüllt bleiben. Mit Schreiben vom 18. Oktober 1932 begrub *Loewenstein* zumindest vorläufig seine Publikationspläne:

„Nun muß ich Ihnen zu meinem großen Leidwesen mitteilen, daß ich Ihnen die Apologie der liberalen Staatsgesinnung nicht schicken kann. Ich habe in den letzten Wochen eine neue Fassung versucht; es ist die dritte, seit ich Anfang dieses Jahres die Abhandlung als Antwort auf Koellreutters Darstellung des ‚Nationalen Rechtsstaatsgedankens' niedergeschrieben hatte. Es will mir aber nicht glücken, die Dinge so darzustellen, wie sie mir vorschweben. Worum es jetzt in der deutschen Verfassungsgestaltung geht, ist, die ewigen Werte des Liberalismus mit den teils kollektivistischen, teil neofeudalen Gedankengängen zu konfrontieren, die im Begriff sind, die bevorstehende Verfassungsreform zu beeinflussen. Meine Abhandlung hatte Hand und Fuß, solange sie den Liberalismus in der Auseinandersetzung zwischen Diktatur und Demokratie verteidigte. Jetzt, wo die Diktatur sich als autoritäre ‚Legitimität' einkleidet, ist die Durchführung meiner Grundthese schief geworden. Ich kenne meine Arbeitsweise zu genau, um nicht zu wissen, daß ich nichts forcieren kann. Gerade bei dem Interesse, dem meine Gedankengänge begegnen, will ich nur dann eine Veröffentlichung wagen, wenn sie mir tatsächlich geglückt erscheint. Ich kann auch leider keinen bestimmten Zeitpunkt angeben, wann ich damit zu Rande kommen. Der plötzliche Tod Rothenbüchers[54] hat mich innerlich so verstört, daß ich vorläufig nichts

---

[53] Brief von *Oskar Siebeck* an *Karl Loewenstein* vom 14. Oktober 1932, Nachlass 488, A 0467, 1, Blatt 170, Archiv des Verlages J. C. B. Mohr (Paul Siebeck), Abteilung Handschriften und Historische Drucke, Staatsbibliothek zu Berlin – Preußischer Kulturbesitz.

[54] *Karl Rothenbücher* verstarb am 14. Oktober 1932. Für *Loewenstein* (Fn. 1), 40 spielte *Rothenbücher* „eine erhebliche Rolle in meiner wissenschaftlichen Entwicklung", unterstützte ihn mit Rat und Tat. – *Oskar Siebeck* in Reaktion auf *Rothenbüchers* Ableben: „Der plötzliche Tod Rothenbüchers ist auch mir sehr nahe gegangen. Denn so aufrechte Naturen wie er werden immer rarer", Brief von *Oskar Siebeck* an *Karl Loewenstein* vom 21. Oktober 1932, Nachlass 488, A 0467, 1, Blatt 167, Abteilung Handschriften und Historische Drucke, Staatsbibliothek zu Berlin – Preußischer Kulturbesitz.

Rechtes zustande bringe. Es ist durchaus möglich, daß ich schon in der nächsten Zeit die Konzentration finde, um die Abhandlung neu zu schreiben; ich vermag aber keine bindende Zusicherung abzugeben. Ich darf, sehr verehrter Herr Doktor Siebeck, sicherlich auf Ihr Verständnis bei dieser vorläufigen Absage rechnen; Sie haben ja mit wissenschaftlich arbeitenden Menschen, bei denen die Inspiration nicht kommandiert werden kann, seit vielen Jahren zu tun, sodaß Sie mich verstehen werden; es ist mir leid genug, wenn ich Ihnen verlegerische Unannehmlichkeiten bereite, zumal Sie ja die Abhandlung in Ihrer Sammlung ‚Recht und Staat' schon angekündigt haben. Hoffentlich ist die Arbeit von Gerber im Druck noch nicht so weit vorgeschritten, daß sie nicht die richtige Nummer in der Reihe bekommen könnte. Wenn ich die Abhandlung neu formuliert habe, werde ich Ihnen das Manuskript gleich schicken, wobei ich allerdings nach Ihren Mitteilungen nicht mehr unbedingt damit rechnen kann, daß sie in der Sammlung ‚Recht und Staat' erscheint."[55]

Bei *Siebeck* stießen *Loewensteins* Ausführungen auf Verständnis. In einem Antwortschreiben vom 21. Oktober 1932 teilte *Siebeck Loewenstein* mit:

„Im Grunde muss ich mir selbst Vorwürfe machen, dass ich Ihre ‚Apologie der liberalen Staatgesinnung' in einem neuen Prospekt über das ‚Jahrbuch des öffentlichen Rechts' angekündigt habe,[56] ehe Ihr Manuskript vorlag. Zum Glück konnte der Titel wenigstens in einem Gesamtverzeichnis meiner 3 Schriftenreihen und in einem Verzeichnis sämtlicher Neuerscheinungen des Jahres 1932 noch gestrichen werden. Auf diese Weise wird der Hinweis in dem Jahrbuch-Prospekt kaum soviel Beachtung finden, dass ernste Unzuträglichkeiten daraus entstehen können. Ich kann natürlich durchaus verstehen, das man eine Arbeit über einen Gegenstand, der so sehr im Mittelpunkt der Diskussion steht, nicht aus dem Aermel schütteln kann. Ich muss Sie daher wegen der verfrühten Ankündigung wirklich in aller

---

[55] Brief von *Karl Loewenstein* an *Oskar Siebeck* vom 18. Oktober 1932, Nachlass 488, A 0467, 1, Blatt 168 f., Archiv des Verlages J. C. B. Mohr (Paul Siebeck), Abteilung Handschriften und Historische Drucke, Staatsbibliothek zu Berlin – Preußischer Kulturbesitz.

[56] In dem im Herbst 1932 erschienenen Prospekt „Jahrbuch des Öffentlichen Rechts. Register zu Band 16–20" findet sich auf einer unnummerierten Seite zu Beginn die Ankündigung „95: *Karl Loewenstein*, Apologie der liberalen Staatsgesinnung. Eine Streitschrift wider ihre Verächter". Tatsächlich erschien dann *Hans Gerbers* „Freiheit und Bindung der Staatsgewalt" als 95. Beitrag in der Schriftenreihe „Recht und Staat in Geschichte und Gegenwart".

Form um Entschuldigung bitten. An sich ist mir auch dieses Ihr Manuskript natürlich jederzeit willkommen. Sie können also ruhig zuwarten, bis Ihnen die Sache einmal so gerät, dass Sie die Arbeit glauben in Druck geben zu können."[57]

Dazu sollte es jedoch nicht mehr kommen. Die am 30. Januar 1933 neu anbrechende Zeit vertrieb *Loewenstein* außer Landes.[58]

VI. Editorische Hinweise

Das Typoskript „Apologie des liberalen Staatsdenkens" umfasst 56 Seiten. Es weist eine nicht geringe Anzahl handschriftlicher Korrekturen und Ergänzungen unterschiedlicher Länge auf. Sie konnten ganz überwiegend entziffert und übernommen werden. An einigen wenigen Stellen gelang dies jedoch nur teilweise, sodass dann das mit der Schreibmaschine Geschriebene beibehalten worden ist. Der so abgeänderte Text wurde geringfügig redigiert: Die Rechtschreibung wurde der heutigen angeglichen, offensichtliche Fehler wurden stillschweigend getilgt, Abkürzungen (wie etwa „Vf.") ausgeschrieben und die Interpunktion angepasst (z.B. wurden die gleichlaufenden Anführungszeichen der Schreibmaschine ["] umgewandelt in [„"] oder ein Leerzeichen zwischen Zahl und Prozentzeichen ergänzt). Überdies wurden die von *Loewenstein* im Fließtext vorgenommenen Quellenverweise im Sinne besserer Lesbarkeit und Übersichtlichkeit in den Fußnotenapparat ausgelagert. Um sie von editorischen Anmerkungen unterscheiden zu können, wurden sie dort mit (*) gekennzeichnet. Die im Typoskript unterstrichenen Abschnittsüberschriften wurden durchnummeriert, die wenigen Unterstreichungen im Fließtext nicht beibehalten und Namen im Unterschied zum Typoskript kursiv geschrieben. Im Übrigen entsprechen die Aufzeichnungen im Text dem Original.

---

[57] Brief von *Oskar Siebeck* an *Karl Loewenstein* vom 21. Oktober 1932, Nachlass 488, A 0467, 1, Blatt 166 f., Archiv des Verlages J. C. B. Mohr (Paul Siebeck), Abteilung Handschriften und Historische Drucke, Staatsbibliothek zu Berlin – Preußischer Kulturbesitz.
[58] Dazu siehe das Nachwort.

Die Edition der Schrift ist keine streng systematische. Das gilt in personen-, sach- und thesenbezogener Hinsicht gleichermaßen. Die Kommentierung von Namen, Geschehnissen und Referenzen folgt keiner in sich geschlossenen Struktur, sondern orientiert sich am Kriterium der Sachdienlichkeit unter Berücksichtigung eines uneinheitlichen Adressatenhorizonts. Personenbezogene Hintergrundinformationen finden sich in den Fußnoten in der Regel nur dann wieder, wenn deren Kenntnis nicht allgemein erwartet werden kann. Sie nehmen dabei besonders viel Raum ein, wenn einzelne Verbindungen, persönliche Sym- und Antipathien, Lebenswegparallelen und -gegenläufigkeiten mit dem Ziel benannt und beleuchtet werden, einen kleinen Einblick in die Netzwerkstruktur der damaligen Staatsrechtswissenschaft zu geben. Das führt zu personenbezogenen Kommentierungen unterschiedlicher Länge. Da sie bei erster namentlicher Nennung erfolgen, liegt deren Schwerpunkt zu Beginn des edierten Textes. Sachbezogener Kontextualisierungen bedürfen diejenigen Ereignisse, Schlagwörter und Anspielungen, die dem interessierten Leser der 1930er Jahre zwar ohne weiteres geläufig waren, dem heutigen jedoch kein Begriff mehr sein dürften. Thesenbezogene Kommentierungen beschränken sich auf ein Minimum. Es ist nicht Aufgabe dieser Edition, ex-post-Urteile zu fällen. Im Einzelfall ordnen die Kommentierungen kritisch ein, weisen auf werkimmanente oder ideengeschichtliche Kontinuitäten und Brüche hin oder versetzen die Leserin und den Leser selbst in die Lage, *Loewensteins* Thesen mit den Überlegungen seiner Zeit- und Fachgenossen abzugleichen.

Apologie des liberalen Staatsdenkens

Motto: "La folie ne fait pas droit."

von Karl Loewenstein (München)

I. Vorbemerkung

In der Zeitschrift für Politik stellt *Otto Koellreutter* in einem als Epilog zur 8. Staatsrechtslehrertagung in Halle bezeichneten Aufsatz „Zur Krise des liberalistischen Staatsdenkens"[1] der liberalistischen Staatsauffassung die Überzeugung entgegen, „dass wir neuen politischen und rechtlichen Inhalten und Formen in unserem Staatsleben notwendig entgegengehen".[2] Die Redaktion lädt zur Diskussion dieser These ein.[3] Wenn ich von dieser Aufforderung Gebrauch mache, so nehme ich meine Legitimation hierzu zunächst äußerlich aus der Tatsache, dass ich auf der Hallenser Tagung in der Diskussion das Wort ergriffen habe und dass ich mich daher in dem Aufsatz von *Koellreutter* als Vertreter des liberalistischen Staatsdenkens angesprochen glaube.[4] Ich nehme zu dem Thema aber nicht etwa deshalb Stellung, weil ich mich getroffen oder gar angegriffen fühle, sondern weil ich

---

[1] *Koellreutter*, Zeitschrift für Politik 21 (1932), 472) (*).
[2] Ebd., 475 (*).
[3] Anmerkung der Redaktion in ebd., 472 (*). Dort heißt es: „Wir stellen den vorliegenden Beitrag zur Debatte, sind also bereit, Äußerungen dazu – positive oder negative – entgegenzunehmen. Die Bedeutung der aufgeworfenen Fragen – es geht um den Staat überhaupt, im besonderen um den Staat der Gegenwart und noch spezieller um den deutschen Staat – rechtfertigt eine eingehende Erörterung in der Zeitschrift für Politik."
[4] Diese Annahme ist berechtigt, vgl. die Einführung, IV.

von dem zwingenden Gefühl getrieben bin, bei dieser Erörterung über die augenblickliche Stellung der deutschen Staatsrechtswissenschaft zur Staatswirklichkeit nicht schweigen zu dürfen.[5] Dies ist der eigentliche Grund für meine Teilnahme an der Diskussion und gleichzeitig die Rechtfertigung dafür, dass ich schon in der äußeren Diktion, ganz entgegen der sonstigen – auch von mir strikt eingehaltenen – Gepflogenheit, mich zu meiner persönlichen Meinung bekenne. Der vorbehaltlos zuerkannte Subjektivismus der nachfolgenden Ausführungen rechtfertigt weiter, dass der wissenschaftliche Apparat auf ein Mindestmaß beschränkt wird; wer vom Fach ist, weiß auch ohne Zitate und Fußnoten, wo die vorgetragene wissenschaftliche Überzeugung domiziliert ist, und wer ihre Freunde und Gegner sind. Es erscheint aber nicht überflüssig zu betonen, dass auch ich niemand persönlich treffen oder angreifen will, vor allem *Koellreutter* nicht, dem ich als einem geistig lebendigen, aufgeschlossenen, ernsthaft sich um die Problematik des heutigen Staats mühenden Mann aufrichtige Wertschätzung entgegenbringe.[6]

---

[5] Vgl. *Loewenstein* in seinem unveröffentlichten Essay „Staatsrechtswissenschaft und Verfassungskrise" vom 11. September 1932, Karl Loewenstein Papers, Box 25, Folder 22, Archiv des Amherst College: „Zu diesem Protest fühlt sich der Verfasser vor seinem Gewissen verpflichtet."

[6] *Loewenstein* und *Koellreutter* pflegten über mehr als vier Jahrzehnte hinweg engeren (brieflichen) Kontakt (1922 bis 1966), siehe deren Korrespondenz in Karl Loewenstein Papers, Box 51, Folder 4 sowie in Box 28, Folder 25, Archiv des Amherst College, länger unterbrochen lediglich in der Spanne zwischen 1936 und 1945. Als *Loewenstein* von der Münchener Universität vertrieben wurde, hat sich *Koellreuter* ihm „gegenüber ganz ausgezeichnet benommen", Brief von *Karl Loewenstein* an *Gerhard Leibholz* vom 30. Oktober 1933, Nachlass Gerhard Leibholz, N 1334/623, Bundesarchiv Koblenz. Auch nach dem Krieg schätzte *Loewenstein Koellreutter* als charakterlich aufrichtige und integre Person, der er trotz ihres pronationalsozialistischen Engagements Milde entgegenbrachte, vgl. *Loewenstein*, Des Lebens Überfluß, 2023, 134: *Koellreutter* sei „kein großes Kirchenlicht, aber eine *anima candida*. Er hatte Ursache, seine Parteimitgliedschaft tief zu bereuen." In die gleiche Richtung die Einschätzung *Loewensteins* zu *Koellreutter* als „most notorious Nazi[s], […] an old-line party member (though, incidentally, personally and honest and decent man)", Karl Loewenstein Papers, Box 46, Folder 25, Archiv des Amherst College.

Es geht also hier um Persönliches, aber nicht etwa deswegen, weil die Persönlichkeit des Schreibers interessiert, sondern weil seine persönliche Überzeugung Ausdruck einer sachlich eindeutig geformten Geistes- und geistesgeschichtlichen Haltung ist. Es ist mir dabei gleichgültig, ob man diese Haltung als „modisch" oder als „altmodisch" bezeichnen wird, wenn die letzten Dinge unserer politischen Existenz und unserer wissenschaftlichen Moral im Spiel und auf dem Spiel stehen, muss man auch den Mut haben, gegen den Strom zu schwimmen. Kommt man gegen den Strom nicht auf, so wird man ehrlicherweise lieber darin untergehen als sich von ihm bequem weiter und damit abwärts tragen lassen.[7]

II. Die Problemstellung

Die Antithese wird von *Koellreutter* in dem erwähnten Aufsatz, zu dem als Ergänzung auch seine Abhandlung: „Staatsnotrecht und Staatsauffassung" in der Deutschen Juristen-Zeitung[8] heranzuziehen ist, in der Weise formuliert, dass der radikale Liberalismus „den Primat der staatlichen Bindung und Verantwortung des Einzelnen im Staat und für den Staat ablehnt", während die neue geistige Haltung „ganz bewusst den Einzelnen in erster Linie als verantwortungsbewusstes Glied einer nationalen Lebensgemeinschaft auffasst".[9] Daraus ergibt sich der Gegensatz des „liberalen" Rechtsstaates zu dem je nach der Weltanschauung „sozialen" oder „nationalen" Rechtsstaat.[10] So klar

---

[7] Ein ähnliches Bild wie *Loewenstein* wählte seinerzeit auch *Kelsen*, Blätter der Staatspartei 2 (1932), 90, 98: „Man muß seiner Fahne treu bleiben, auch wenn das Schiff sinkt". Vgl. auch *Loewenstein* (Fn. 6), 130 f.: „Am 30. Januar sah ich mir schweren Herzens den Fackelzug an, den die Bevölkerung mit frenetischer Begeisterung durch die Maximilianstraße begleitete. Ich selbst fühlte mich wie ein Stück Holz, das auf einem wilden Strom dahingetrieben wird."

[8] *Koellreutter*, Deutsche Juristen-Zeitung 37 (1932), Sp. 39 (*).

[9] *Koellreutter* (Fn. 1), 473 (*).

[10] Vgl. auch *Koellreutter* (Fn. 8), Sp. 41 über die „nationale Lebensordnung" oder den „nationalen Rechtsstaat" (*). – *Koellreutter* sollte sein Konzept vom „nationalen Rechtsstaat" weiterverfolgen und -entfalten, unter an-

die Bestimmung des liberalen Staatsdenkens hierbei ist, so wenig will es gelingen, den Inhalt der Gegendefinition zu erfassen. Ist der Rechtsstaat die Antithese zur nationalen Lebensgemeinschaft oder ist auch diese als Staat gedacht oder nur als ein soziologischer Seinszustand? Oder soll der Gegensatz etwa im Attributiven liegen, d.h., ist auch die nationale (oder soziale) Lebensgemeinschaft ein Staat im Sinne des Rechtsstaats? Was bedeutet es weiter, wenn *Koellreutter* sagt: „Das Wahlrecht ist der Ausdruck verpflichtender rechtlicher Gebundenheit des einzelnen Staatsgenossen an die staatliche Lebensgemeinschaft", oder „der Beamte sei einer staatlichen Lebensgemeinschaft verpflichtend verbunden"?[11] Das sind doch wohl, moralisch oder rechtlich, nur Selbstverständlichkeiten, die mit dem Wesen des Wahlrechts und der Institution des Beamtentums untrennbar verbunden sind; und deshalb keine speziellen Wertqualifikationen des als „nationale Lebensgemeinschaft" organisierten Staates, denn das Wahlrecht ist, wo immer es auftritt, eine rechtliche Fiktion des Verhältnisses vom Staatsbürger zum Staat – „funktionelle Integration" im Sinne *Smends*"[12] – und die Bindung des Beamten an den Staat ist in gleicher Weise, wo immer es Beamte gibt, die rechtliche Grundlage des Beamtenverhältnisses verglichen etwa beispielsweise mit dem Dienst- oder Arbeitsvertragsverhältnis bei privaten Unternehmungen oder Verbänden. Ich kann mir also rechtlich auch unter der nationalen Lebensgemeinschaft nicht anderes vorstellen als die rechtsstaatliche Struktur der res publica und einen Gegensatz zum liberalen

---

derem in *Koellreutter*, Der nationale Rechtsstaat, 1932 und *Koellreutter*, Deutsche Juristen-Zeitung 1933, Sp. 517. Die Beiträge stehen am Anfang eines der zentralen Streitthemen der deutschen Staatsrechtslehre Mitte der 1930er Jahre, eingehend dazu *Hilger*, Rechtsstaatsbegriffe im Dritten Reich, 2003. Zuvor *Schellenberg*, in: Böckenförde (Hrsg.), Staatsrecht und Staatsrechtslehre im Dritten Reich, 1985; *Stolleis*, Staats- und Verwaltungsrechtswissenschaft in Republik und Diktatur 1914–1945, 1999, 330 ff. und knapp auch *Pauly*, VVDStRL 60 (2001), 73, 93 f.

[11] *Koellreutter* (Fn. 1), 475 (*).

[12] Unter funktioneller Integration, in Abgrenzung zur persönlichen und sachlichen Integration, versteht *Smend* alle institutionalisierten Teilnahme- und Willensbildungsprozesse im staatlichen Leben wie Wahlen, Abstimmungen, Kabinettsbildungen oder parlamentarische Verhandlungen, entfaltet in *Smend*, Verfassung und Verfassungsrecht, 1928, 32 ff.

Rechtsstaat nur dann anerkennen, wenn man national hier als einen sozialpsychisch-ethischen, also sozialpsychischen Zustand auffasst und ihn unter diesem Gesichtspunkt wertmäßig von der liberalen Staatsauffassung abscheidet. Dann verschiebt sich aber die Betrachtung von der normlogischen auf die wertethische Ebene und hier ist allerdings eine Verständigung nicht möglich, da der Unterschied der Auffassungen auf der methodischen Gegensätzlichkeit des Juristischen zum Wertenden oder Werturteilsmäßigen beruht. Unzweifelhaft gibt es einen Zwangskollektivismus des sozialen oder des nationalen Notstandes,[13] der aber als soziologische Gegebenheit eine geschichtliche Faktizität ist und keine Summe von Rechtsfiguren, geschweige denn ein Rechtssystem; er bedarf erst der rechtsstaatlichen Ordnung, um die Staatswirklichkeit auch zu einer Rechtswirklichkeit zu machen.

---

[13] *Morstein Marx*, Verwaltungsarchiv 36 (1931), 393, 394 (*). – Zwischen *Loewenstein* und dem deutschamerikanischen Juristen und Politikwissenschaftler *Fritz Morstein Marx* (1900–1969) bestehen zahlreiche Lebensweg- und Werkparallelen. Wie *Loewenstein* beschäftigte sich der acht Jahre jüngere *Morstein Marx* in Weimarer Tagen eingehend mit britischem Staatsrecht und seiner Praxis. 1933 drohte dem Republikanhänger wegen politischer Unzuverlässigkeit der Verlust seiner Stelle als Regierungsrat der Stadt Hamburg. Zeitgleich mit *Loewenstein* emigrierte er im Dezember 1933 in die USA und machte sich in der dortigen Political Science einen Namen als hellsichtiger Beobachter des NS-Staats (*Morstein Marx*, Government in the Third Reich, 1936). *Loewenstein* tat es ihm wenig später gleich (*Loewenstein*, The Yale Law Journal 45 (1936), 779; *Loewenstein*, Hitler's Germany, 1939). Standen *Loewenstein* und *Morstein Marx* in jungen und mittleren Jahren noch in engem (brieflichen) Kontakt (vgl. nur Karl Loewenstein Papers, Box 53, Folder 13, 34 und 35, Archiv des Amherst College), rezensierten sich gegenseitig positiv und arbeiteten an gemeinsamen Projekten, entzweiten sich beider Leben und Werk ab Mitte der 1940er Jahre zunehmend. Wissenschaftlich konzentrierte sich *Morstein Marx* fortan auf komparatistische Forschungen zu Verwaltungsrecht und -wirklichkeit, während *Loewenstein* dem Verfassungsrecht treu blieb. *Loewenstein* blieb in den USA, *Morstein Marx* kehrte nach Deutschland zurück und wirkte von 1962 bis zu seiner Emeritierung 1968 als Professor für Vergleichende Verwaltungswissenschaft und öffentliches Recht an der Hochschule für Verwaltungswissenschaften in Speyer. Zu Morstein Marx' Leben und Werk *Seckelmann*, DÖV 66 (2013), 401; *Seckelmann*, DÖV 67 (2014), 1029; *Seckelmann*, DÖV 70 (2017), 649.

Es kommt also, wenn nun die pseudorechtliche und quasi-soziologische Phraseologie auf die erprobten juristischen Denkkategorien zurückführt, nicht darauf an, was der Inhalt der staatlichen Lebensgemeinschaft ist und wer es ist, der diesen Inhalt bestimmt. Dieser Inhalt kann national oder antinational sein, er kann liberal-demokratisch oder autoritär-diktaturmäßig sein; man muss sich darüber klar sein, dass zwischen diesen inhaltlichen Wertkategorien eine Entscheidung getroffen werden muss. Für den Staatsdenker kann es aber nur eine Form der Entscheidung geben: für den Rechtsstaat. Dies ist keine formalistische Rechtsquellenlehre, sondern ein Problem der Rechtsmaterie selbst. Es gibt Willkür, die als Recht daherkommt oder entworfen wird; aber es gibt kein willkürliches Recht, oder, um das an den Eingang gesetzte Wort *Rousseaus* hier zu wiederholen: „La folie ne fait pas droit."[14] Was unter Rechtsstaat zu verstehen ist, ist für

---

[14] Das vorangesetzte Wort *Rousseaus* entstammt dem Vierten Kapitel des Ersten Buches seines „Du Contrat Social". Es lässt sich übersetzen mit „Wahnsinn schafft kein Recht". Im Vierten Kapitel des Ersten Buches führt *Rousseau* unter der den Inhalt nur bedingt andeutenden Überschrift „De l'esclavage" (Von der Sklaverei) näher zu seinem Freiheitsverständnis aus. Freiheit versteht er als Wesensbestimmung des Menschen, sie ist für ihn die Grundlage, der Maßstab und der Zweck seiner Vertragstheorie, *Rousseau*, Vom Gesellschaftsvertrag; oder Grundsätze des Staatsrechts, 2011, 11 f.: „Auf seine Freiheit verzichten heißt auf seine Eigenschaft als Mensch, auf seine Menschenrechte, sogar auf seine Pflichten verzichten. Wer auf alles verzichtet, für den ist keine Entschädigung möglich. Ein solcher Verzicht ist unvereinbar mit der Natur des Menschen; seinem Willen jegliche Freiheit nehmen heißt seinen Handlungen jegliche Sittlichkeit nehmen." Aus dieser dem Menschen wesenseigenen Freiheit, seiner für ihn charakteristischen Qualität, folgert *Rousseau* – und dieser Passage entstammt das von *Loewenstein* ausgewählte Zitat –, dass sich keine Herrschaftsordnung, will sie dem Menschen, das heißt seiner Freiheit, gerecht werden, auf einer vollständigen Unterwerfung und einem entsprechenden Gesellschaftsvertrag errichten lässt, ebd., 11: „Zu behaupten, dass ein Mensch sich umsonst hergäbe, ist etwas Ungereimtes und Unverständliches; ein solcher Akt ist null und nichtig, schon allein deshalb, weil derjenige, der ihn vollzieht, nicht voll bei Verstand ist. Das von einem ganzen Volk behaupten heißt ein Volk von Wahnsinnigen voraussetzen: Wahnsinn schafft kein Recht." Mag vor dem skizzierten Hintergrund das vorangesetzte Wort für eine Abhandlung zum liberalen

den Deutschen des 20. Jahrhunderts so evident, dass er in ein paar Zeilen formuliert werden kann: Die ein für alle Mal freieste Ordnung und Regelung der Rechte und Pflichten der in einer territorialen Gebietskörperschaft zusammen gefassten Menschen, gültig für alle und jeden, der an dieser staatlichen Gemeinschaft teilnimmt, verbunden mit einer berechenbaren und garantierten Begrenzung der Macht des Staates über seine Gewaltunterworfenen, eine Ordnung und Regelung, die solange gilt, bis sie in genau bestimmter Art und Weise geändert wird.

Die Beweislast dafür, dass die neue geistige Haltung eines Rechtes der nationalen Lebensgemeinschaft auch tatsächlich in den Formen des Rechtsstaates verwirklicht werden kann – *Koellreutter* lenkt in seiner zweiten Abhandlung in der Deutschen Juristen Zeitung[15] von selbst in diese Problemstellung ein und bricht damit eigentlich seiner These die Spitze ab –, obliegt also demjenigen, der diese Behauptung aufstellt und es ist eine Verschiebung der Beweislast, wenn der liberalen Staatsauffassung, für die der Gedanke des bürgerlichen Rechtsstaates so selbstverständlich ist, dass man mit Recht eine Identität der liberalen mit der rechtsstaatlichen Staatsgestaltung behaupten könnte, zugemutet wird, sie müsse ihrerseits den Nachweis ihrer Berechtigung gegenüber der Staatswirklichkeit erbringen.

III. Der alte und der neue Liberalismus

Die Diskussion über das liberalistische Staatsdenken müsste nach guter alter Sitte damit begonnen werden, dass definiert wird, was liberalistisch ist. Zunächst muss dabei die ein wenig mitleidige, ein wenig höhnische Verkleinerung des Wortes „liberal" aus dem Weg geräumt werden. Das ist im Interesse einer ehrlichen Diskussionsgrundlage hiermit geschehen. *Koellreutter* meint, für das liberalistische Staatsden-

---

Staatsdenken wohl gewählt zu sein, bleibt unbestreitbar, dass das radikaldemokratische und kapitalismuskritische Gedankengebäude *Rousseaus* dem von *Loewenstein* verfochtenen Freiheitsbegriff kein Zuhause sein kann.

[15] *Koellreutter* (Fn. 8), Sp. 44 (*).

ken liege der Ausgangspunkt in der „politischen und rechtlichen Souveränität des Einzelnen, der Staat bedeute ihm konsequenterweise nur eine Ordnungs- oder Sicherheitsapparatur".[16] Diese Definition ist eine halbe und darum gar keine Wahrheit; sie unterstellt dem Liberalismus, er gäbe dem Staate nicht, was des Staates ist. In Wirklichkeit ist die ideologische Situation völlig klar und eindeutig: liberal kommt von libertas, libertas heißt Freiheit.

Um eine Definition dessen, was Freiheit ist, haben sich die besten Geister der Menschheit seit alters bemüht; es sind Bibliotheken darüber entstanden, ohne dass eine sinnfällige Deutung gefunden worden wäre. Mit der Freiheit geht es wie mit der Gesundheit; sie lässt sich nicht bestimmen; sie wird erst erkannt oder empfunden, wenn sie abhandengekommen ist. Was das Wesen der Freiheit ist, begreift also nur der, der sie verloren hat oder der sie zu verlieren fürchtet. Der Grund für die Unmöglichkeit einer Begriffsbestimmung der Freiheit ist ein erkenntnistheoretischer: Jeder Mensch und erst recht jedes Volk und erst recht jede Generation von Menschen oder Völkern haben ihren eigenen Freiheitsbegriff und ihre eigene Freiheitsvorstellung; die Geschichte der Menschheit ist nichts anderes als die Entwicklung des Menschen zur Geistesfreiheit, der Durchbruch des Geistes zur Freiheit. Man bringe hier nicht den Einwurf, dass große Worte oder Abstraktionen eine Sache nicht klarer machen; manchmal muss man die großen Worte getrost gebrauchen, wenn man das zum Ausdruck bringen will, worum es geht.

Im gegenwärtigen zeitgeschichtlichen Augenblick geht es nicht nur für den deutschen Menschen wirklich um die Freiheit. Es handelt sich nicht mehr um die Verteidigung des Staates gegen das Individuum, sondern umgekehrt um den Schutz des Einzelnen vor dem Staat. Wer den Dingen gegenüber ehrlich ist, muss bekennen: Der Staat ist im Begriff, das Individuum mit Haut und Haar zu verschlingen; der „totale Staat"[17] „kollektiviert" den Einzelnen und die Re-

---

[16] Ebd., Sp. 40 (*).

[17] Den Begriff des „totalen Staates" in den deutschen Diskurs einführend *Schmitt*, Euorpäische Revue 7 (1931), 241, übernommen in *Schmitt*, Der Hüter der Verfassung, 1931, 73 ff. und elaboriert in *Schmitt*, Europäische Revue 9 (1933), 65. Darauf aufbauend sodann *Forsthoff*, Der totale Staat, 1933.

volte gegen diese Bedrohung ist nichts anderes als eine der unzähligen Erscheinungsformen, welche das Freiheitsbedürfnis des Vernunftmenschen in dem ewigen Kampf um die Rettung seiner unsterblichen Seele annimmt. Der heutige Liberalismus hat mit dem liberalistischen Bedürfnis des 19. Jahrhunderts in der Tat nur mehr den Namen, bestenfalls die Tradition gemeinsam. Wir stehen nicht am Sterbebett einer verlöschenden Bewegung, die ihre historische Funktion längst erfüllt hat, sondern wir sehen den Beginn der neuen und alten Polarität zwischen Individuum und Gemeinschaft.

IV. Deutsche Staatsrechtswissenschaft und „liberalistisches" Staatsdenken

Im deutschen Staatsdenken der Gegenwart ist das Wort Liberalismus und erst recht seine Ideologie seit 1919 verfemt. Wenn es einen Liberalismus in Deutschland noch gibt, so darf man von ihm, wie im Hause des Gehenkten vom Strick, nicht sprechen. Wo liberales Gedankengut lebendig ist, treibt es eine seltsame Maskerade: Es verkleidet sich terminologisch nach besten Kräften, selbst und gerade die fortschrittlichen Parteien scheuen sich vor dem Namen wie vor einem todbringenden Zeichen. Die Wirtschaft heißt das, was liberal ist,

---

Wenngleich begriffliches Pendant zum italienischen „stato totalitario", gewinnt *Schmitt* sein Begriffsverständnis eigenständig am Beispiel Deutschlands Anfang der 1930er Jahre, dem er eine Entwicklung hin „zum totalen Staat der Identität von Staat und Gesellschaft" bescheinigt. Der „zur Selbstorganisation der Gesellschaft gewordene, demnach von ihr in der Sache nicht mehr zu trennende Staat ergreift alles Gesellschaftliche, d.h. was das Zusammenleben der Menschen angeht. In ihm gibt es kein Gebiet mehr, demgegenüber der Staat unbedingte Neutralität im Sinne der Nichtintervention beobachten könnte", *Schmitt*, Der Hüter der Verfassung, 1931, 79. Zeitgenössische, positiv konnotierte Rezeption des Schmitt'schen Totalstaatsbegriffs bei *Leibholz*, Die Auflösung der liberalen Demokratie in Deutschland und das autoritäre Staatsbild, 1933, 68 ff. Dezidiert kritisch zu Konzept und Begriffsbildung hingegen *Kelsen*, Wer soll der Hüter der Verfassung sein?, 1931, 30 ff., 32: „Längst bekannte Tatsachen mit neuen Namen zu versehen, ist eine heute sehr beliebte und weit verbreitete Methode der politischen Literatur."

nach der modischen Sitte sozial und selbst die Weimarer Verfassung, ein typisches Produkt liberaler Staatsauffassung, verschweigt schamhaft ihre Ursprungsmarke und treibt gerade in ihrem zweiten Hauptteil, von den Grundrechten und Grundpflichten handelnd, einen wahren Kultus der sozialen Dekoration, die das liberale Gerüst verdecken und aufputzen soll. Fast hat es den Anschein, als ob sie sich ihrer liberalen Geburtshelfer schämte; obwohl an ihrer Wiege *Hugo Preuss*[18], *Max Weber*[19], *Friedrich Naumann*[20], trotz ihrer verschiedenen

---

[18] *Hugo Preuss* (1860–1925), deutscher Staatsrechtslehrer, Mitbegründer der DDP, erster Innenminister der Weimarer Republik und von 1919 bis 1925 Mitglied des Preußischen Landtags. Er gilt als „Vater" der Weimarer Reichsverfassung. Zur Biografie eingehend *Dreyer*, Hugo Preuß, 2018. Aus dem Kreis seiner Fachkollegen ragte er als einer der ersten Pluralismustheoretiker hervor, *Voßkuhle*, Der Staat 50 (2011), 251; *Lehnert*, Das pluralistische Staatsdenken von Hugo Preuß, 2012. Selbst sein wohl entschiedenster Gegner zollte ihm großen Respekt, *Schmitt*, Hugo Preuss, 1930. Zum wissenschaftlichen Werk *Preuß*' insgesamt siehe die von 2007 bis 2012 von *Christoph Müller* und *Detlef Lehnert* im Verlag Mohr Siebeck herausgegebene Reihe Hugo Preuß. Gesammelte Schriften.

[19] Das Kennenlernen *Max Webers* (1864–1920) verdankte der junge Heidelberger Student *Loewenstein* einem glücklichen Zufall, wollte er im Juni 1912 bei einem Besuch im Hause *Weber* doch eigentlich dessen Frau *Marianne* (1870–1954), seinerzeit bedeutende Frauenrechtlerin, antreffen. Zur entscheidenden Begegnung für sein „weiteres geistiges Leben" und zum Verhältnis mit *Max Weber* siehe *Loewensteins* Autobiographie, *Loewenstein* (Fn. 6), 53 ff. Einen Nachruf auf seinen akademischen Lehrer veröffentlichte *Loewenstein* im Juni 1920 im Berliner Tageblatt, wiederabgedruckt in *Loewenstein*, in: König/Winckelmann (Hrsg.), Max Weber zum Gedächtnis: Materialien und Dokumente zur Bewertung von Werk und Persönlichkeit, ²1985. Das Werk *Webers* lebendig haltend siehe noch *Loewenstein*, Max Webers staatspolitische Auffassungen in der Sicht unserer Zeit, 1965.

[20] *Friedrich Naumann* (1860–1919), evangelischer Theologe, von 1907 bis 1912 liberaler Reichstagsabgeordneter, 1919 als Mitglied der Weimarer Nationalversammlung Verfechter eines umfassenden Grundrechtteils, Mitbegründer und erster Vorsitzender der DDP. Der Anfang des 20. Jahrhunderts aktive, nach ihm benannte „Naumann-Kreis" bildete ein intellektuelles Zentrum des deutschen Liberalismus. Ihm gehörten Personen wie *Max Weber*, *Hellmut von Gerlach*, *Lujo Brentano*, *Gustav Stresemann* oder *Theodor Heuss* an. *Naumann* gilt als Vorreiter der Politischen Bildung. Er begründete 1918 in Berlin die sogenannte Staatsbürgerschule, aus der, bedeutend als ein wichtiger Schritt zur Institutionalisierung der deutschen Politikwissenschaft als

geistigen Herkunft Männer von einheitlich liberaler Geisteshaltung, gestanden sind. Die Gründe für diese merkwürdige Erscheinung liegen in der deutschen Geschichte offen: Wir haben das liberale Zeitalter übersprungen und wollten gleich nach dem Absolutismus der Fürstenzeit den Anschluss an die soziale Struktur einer kollektivistischen Welt finden, wir wollten nicht hinter der Zeit zurückbleiben und hielten uns daher für verpflichtet, den Liberalismus, den wir nicht erlebt hatten, als nicht erlebenswert zum alten Eisen zu werfen.

In der Staatsrechtswissenschaft ist es nicht viel anders.[21] Es ist nur von Demokratie und nie von Liberalismus die Rede und wo die liberale Staatsauffassung durchbricht, wird sie sofort mit dem demokratischen Etikett versehen. Dabei sind Liberalismus und Demokratie nach ihrer ideengeschichtlichen und historischen Wirksamkeit keineswegs identisch.[22] Aber sie haben sich einander stark angenähert, weil die liberale Staatsauffassung nur in der demokratischen Form verwirklicht werden kann.[23] Liberalismus und Demokratie sind heute wirkungsmäßig identisch wie sich Liberalismus und autoritärer Staat ausschließen so wie Wasser und Feuer. Es wird später noch davon zu reden sein, wie ihre Berührung und Reibung übergeht, wie der Liberalismus zum Gegner der Demokratie werden muss. Aber aus der allgemein üblichen Gleichsetzung von Liberalismus und Demokratie folgt, dass die antidemokratische Strömung auch gleichzeitig

---

Fachdisziplin, 1920 die Deutsche Hochschule für Politik (DHfP) hervorging. Zu *Naumanns* Werk und Wirken siehe die Beiträge in vom Bruch (Hrsg.), Friedrich Naumann in seiner Zeit, 2000 und Frölich/Grothe/Kieseritzky (Hrsg.), Fortschritt durch sozialen Liberalismus, 2021. *Naumann* als Ausgangspunkt einer sozialen Traditionslinie des Liberalismus untersuchend *Hertfelder*, Von Naumann zu Heuss, 2013.

[21] Vgl. *Kelsens* Zustandsbeschreibung der Staatsrechtslehre in der Einführung, I.

[22] Vgl. *Ruggiero*, Geschichte des Liberalismus in Europa, 1930 (*). Die Schrift darf als eines der zeitgenössisch bedeutsamsten Werke auf ihrem Gebiet gelten, untersucht sie doch die Entwicklungslinien in Großbritannien, Frankreich, Italien und Deutschland eingehend und vergleichend. Ihr Autor, *Guido De Ruggiero* (1888–1948), war ein italienischer Politikwissenschaftler und Historiker. Er unterzeichnete das Manifest antifaschistischer Intellektueller (italienisch: La protesta contro il „Manifesto degli intellectuali fascisti") und wurde später aus der Lehre entlassen und verhaftet.

[23] Vgl. die Einführung, II.

antiliberal ist. Es ist der verhängnisvollste Irrtum, dass der Kampf gegen die Verfassung von Weimar, die eine liberale Staatsverfassung ist, mit der antidemokratischen Argumentation auch ihre Grundstruktur treffen muss.

Liberal oder liberalistisch ist die ganze Richtung der Staatsrechtslehrer, die, unter der Bismarck'schen Verfassung groß geworden, dort schon den fortschrittlichen Flügel einnahm.[24] Es ist daher kein Zufall, dass gerade die großen Kommentatoren der Weimarer Verfassung der älteren Generation angehören und dass für sie die Interpretation des liberalen Verfassungswerks ein geistiges Bedürfnis ist. Liberal sind auch alle deutschen Staatsdenker, deren wissenschaftliche Interessen an den ausländischen, besonders an den angelsächsischen Erfahrungen und Formen des staatlichen Lebens orientiert sind.[25] Es ist sicherlich auch kein Zufall, dass diese Richtung der liberalen Staatsdenker gleichzeitig auch die Zitadelle des staatsrechtlichen Positivismus ist, der, unbekümmert um naturrechtliche Ideologien oder politische Romantik, dem Alltagsleben des Rechts das Handwerkszeug zur Entscheidung der ihm vorliegenden Fälle geliefert hat.[26] Der tragische Konflikt zwischen dem rechtsstaatlichen Bewusstsein und dem Positivismus beginnt erst da, wo der Positivismus von einem formalen Dogma zu einer weltanschaulich bestimmten Staatsauffassung wird, wo der Positivismus vom Methodologischen ins Teleologische hinüberwechselt.

---

[24] Darunter fallen im weiteren Sinne unter anderem *Gerhard Anschütz* (1867–1948), *Willibalt Apelt* (1877–1965), *Ernst Cahn* (1875–1953), *Hans Kelsen* (1881–1973), *Herbert Kraus* (1884–1965), *Rudolf Laun* (1882–1975), *Walther Schücking* (1875–1935) oder *Ludwig Waldecker* (1881–1946).

[25] In ihrer Absolutheit ist die Schlussfolgerung vom wissenschaftlichen Interesse auf politische Grundhaltung verfehlt, man denke nur an *Koellreutters* Schriften zum Vereinigten Königreich, z.B. *Koellreutter*, Verwaltungsrecht und Verwaltungsrechtsprechung im modernen England, 1912 oder *Koellreutter*, Der englische Staat der Gegenwart und das britische Weltreich, 1930. Neben *Loewenstein* selbst passen in seine Beschreibung etwa *Fritz Morstein Marx* (1900–1969) oder *Gerhard Lassar* (1888–1936).

[26] Für die Verachtung des Positivismus durch naturrechtliche Ideologen und politische Romantiker steht stellvertretend das scharfe Wort von *Kaufmann*, VVDStRL 3 (1927), 2, 22, der kundtat, diese Form der Rechtswissenschaft sei „eine Hure, die für alle und zu allem zu haben ist".

Die jüngere Generation der Staatsrechtslehrer ist entschieden antiliberal.[27] Es soll dies kein Vorwurf, sondern nur eine Feststellung sein; für sie, deren wissenschaftliches Erlebnis aus der Staatswirklichkeit der Nachkriegsjahre abgeleitet ist, bestand kein Zusammenhang mehr mit der liberalen Tradition der Staatsrechtswissenschaft um die Jahrhundertwende. Sie hatte Mühe genug, mit dem Erlebnis der immerhin problematischen demokratischen Wirklichkeit fertigzuwerden, die ihr das Blickfeld nach den geisteswissenschaftlichen Hintergründen des Liberalismus völlig verdeckte. Statt aller Namen: *Gerhard Leibholz*, der Jüngsten, aber auch der Begabtesten einer, hat auf der Staatsrechtslehrertagung in Halle in einem aufsehenerregenden Vortrag über die Wahlreform[28] dem antiliberalen Bewusstsein der jüngeren Generation einen überaus hellsichtigen und in seiner Art auch überzeugenden Ausdruck verliehen.

---

[27] Das belegt handgreiflich ein Blick auf diejenigen Wissenschaftler, die sich in den Jahren von 1930 bis 1932 an deutschen Universitäten im Öffentlichen Recht habilitiert hatten. Neben *Loewenstein* waren dies *Ernst Forsthoff* (Freiburg, 1930), *Karl Maria Hettlage* (Köln, 1930), *Ulrich Scheuner* (Berlin, 1930), *Ernst Rudolf Huber* (Bonn, 1931), *Hermann von Mangoldt* (Königsberg, 1931), *Adolf Schüle* (Berlin, 1931), *Wilhelm Troitzsch* (Rostock, 1931), *Ernst Friesenhahn* (Bonn, 1932), *Kurt Wahl* (Kiel, 1932) und *Theodor Maunz* (München, 1932). Bis auf *Schüle*, *Friesenhahn* und *Wahl* bemühten sich diese jungen Wissenschaftler später allesamt an vorderster Front um eine pseudowissenschaftliche Rechtfertigung, Legitimierung und Förderung des NS-Staats.

[28] *Leibholz*, VVDStRL 7 (1932), 159. – *Leibholz* und *Loewenstein* pflegten nahezu vier Jahrzehnte lang (spätestens ab 1927 bis 1966) brieflichen Kontakt, siehe die Briefe im Nachlass Gerhard Leibholz, N 1334/457, 460 und 623, Bundesarchiv Koblenz sowie die Karl Loewenstein Papers, Box 51, Folder 17, sowie Box 28, Folder 27 und Folder 28, Archiv des Amherst College. *Leibholz* sprach gegenüber Dritten von *Loewenstein* als „friend", Brief von *Gerhard Leibholz* an *Reinhold Niebuhr* vom 2. Februar 1941, abgedruckt bei Ringshausen/Chandler (Hrsg.), The George Bell – Gerhard Leibholz Correspondence, 2019, 23. Auch *Loewenstein* betonte sein langjähriges, gutes Verhältnis zu *Leibholz* und setzte sich für seinen Kollegen ein, etwa gegenüber *Frederic Ogg* (1878–1951), Herausgeber der American Political Science Review, Karl Loewenstein Papers, Box 52, Folder 2, Archiv des Amherst College.

Besonders charakteristisch für die Zwiespältigkeit der geisteswissenschaftlichen Situation im deutschen Staatsdenken ist die Verfassungslehre *Carl Schmitts*[29], des berühmten Lehrers an der Handelshochschule Berlin. *Carl Schmitt* ist derjenige, der dem Parlamentarismus als der typisch liberalen vernunftgemäßen Regierungsform der Deliberation den Dezisionismus, die auf die Entscheidung abgestellte willensbetonte Haltung entgegengesetzt hat. In seiner großen Verfassungslehre, die sich künftig zu einer allgemeinen Staatslehre weiter auswachsen will, schildert er nichts anderes als den bürgerlich-liberalen Rechtsstaat, wie ihn die Weimarer Verfassung kodifiziert

---

[29] *Schmitt*, Verfassungslehre, 1928. – *Carl Schmitt* (1888–1985) und *Loewenstein* haben sich aller Wahrscheinlichkeit nach in jungen Jahren im Münchener Vorlesungsbetrieb kennengelernt. In Weimarer Tagen bestand zwischen ihnen geringfügiger brieflicher Kontakt (siehe Karl Loewenstein Papers, Box 52, Folder 28, Archiv des Amherst College). In seiner Habilitationsschrift *Loewenstein*, Erscheinungsformen der Verfassungsänderung, 1931 setzt sich *Loewenstein* mit *Schmittschen* Theoremen, mit dem „feindlichen Lager" (S. 305), eingehend und kritisch auseinander, würdigt ihn jedoch zugleich explizit und mehrfach für seine Verdienste um die dogmatische Durchdringung der Weimarer Reichsverfassung. Nach seiner Vertreibung von der Münchener Universität und kurz vor seiner Emigration stehend schrieb *Loewenstein* in einem Brief an *Gerhard Leibholz* vom 30. Oktober 1933, Nachlass Gerhard Leibholz, N 1334/623, Bundesarchiv Koblenz: „Der Gedanke, ein Land und eine Wissenschaft verlassen zu können, in der ein Herr Carl Schmitt eine Rolle spielt, hat etwas sehr Tröstliches für mich." Nach Kriegsende sorgte *Loewenstein* dafür, dass *Schmitt* inhaftiert, verhört und seine Bibliothek beschlagnahmt wurde. Näher zu den Inhaftierungen und Interrogationen *Wieland*, 1999: Zeitschrift für Sozialgeschichte des 20. und 21. Jahrhunderts 2 (1987), 96; *Bendersky*, Telos 139 (2007), 6; zur Beschlagnahme der Bibliothek *Tielke*, in: Carl-Schmitt-Gesellschaft (Hrsg.), SCHMITTIANA, 2011, 292 ff. Mit einem auf den 14. November 1945 datierten Bericht für die US-amerikanische Militärregierung unter dem Titel „Observations on Personality and Work of Professor Carl Schmitt" forcierte *Loewenstein* eine Anklage *Schmitts* als Kriegsverbrecher (Karl Loewenstein Papers, Box 46, Folder 46, Archiv des Amherst College), die jedoch ausblieb. Der sich als Opfer einer Verfolgung wähnende *Schmitt* schmähte *Loewenstein* in Reaktion darauf als „[g]lobaler Ordnungsstifter" und „character assassin", *Schmitt*, Glossarium, ²2015, 200, 261. *Loewenstein* mied fortan Namen und Werke *Schmitts*. Seine „Verfassungslehre", gleichnamig mit *Schmitts* opus magnum, und seine Autobiographie erwähnen den Namen des „Kronjuristens des Dritten Reichs" mit keiner Silbe.

hat. Aber der negative Wertakzent des antiliberalen Ressentiments drückt dieser großen Leistung seinen Stempel auf. Schon der Umstand, dass der bürgerlich-liberale Rechtsstaat nur als ein möglicher Staatstypus geschildert wird, lässt die Deutung zu und erweckt mitunter geradezu die Hoffnung, dass es auch Staatstypen nicht-liberaler Prägung gibt und man kann sich oft des Gefühls nicht erwehren, dass die Liebe dieses Staatsdenkens nicht dem Gegenstand gilt, den es so scharfsinnig analysiert, sondern einer Staatsform, die bereits im Hintergrund der Bühne auf ihr Stichwort wartet, um den bürgerlich-liberalen Rechtsstaat in die Kulisse zu verweisen. Es ist kaum ein Lob für *Carl Schmitt*, wenn ihm jetzt attestiert wird, „er denke den liberalen Rechtsstaat konsequent zu Ende".[30] In seinem jüngsten Buch „Der Hüter der Verfassung"[31] wird dann auch die rechtsstaatliche Basis der liberalen Staatsauffassung grundsätzlich verlassen und die Türe für die zukünftigen Entwicklungen aufgemacht, die den liberalen Rechtsstaat abzulösen bestimmt sein sollen.

Zwischen Staatslehre und Staatswirklichkeit besteht ein magischer Zusammenhang. Aus einer geistigen Zwangslage heraus ist der Staatsdenker, auch wenn er das geltende Recht beschreibt, eigentlich bereits ein Historiker: die Staatswirklichkeit ist ihrer wissenschaftlichen Erkenntnis immer ein Stück voraus. Die Zeiten *Platons* und *Augustins* sind längst vorüber. Der Staatslenker gestaltet die Staatswirklichkeit, der Staatsdenker schreibt sie nicht vor, sondern er schreibt

---

[30] *Koellreutter* (Fn. 8), Sp. 41 (*). Die einschlägige Passage lautet vollständig: „Die Verfassungslehre Schmitts will eine Verfassungslehre des bürgerlichen, d.h. des liberalen Rechtsstaates sein. Sie gibt in geistreichen Konstruktionen eine verfassungstheoretische Unterbauung der Weimarer Verf., in der Schmitt den Typus einer Verfassung des bürgerlichen Rechtsstaates sieht, sodaß seine Verfassungslehre von einem Kritiker als ‚Glorifizierung der Weimarer Verfassung' bezeichnet worden ist. Und konsequent denkt denn auch Schmitt in manchen seiner m. E. anfechtbaren Lehren, wie der von der Unabänderkarkeit grundlegender politischer Entscheidungen und ‚echter Grundrechte', den liberalen Rechtsstaat konstruktiv zu Ende."
[31] *Schmitt* (Fn. 17). Mit Vehemenz dagegen *Kelsen* (Fn. 17), der mit seiner Replik auf *Schmitts* Werk belegt, „daß diese Schrift aus der Rumpelkammer des konstitutionellen Theaters dessen ältestes Versatzstück hervorholt" (S. 8). Zur Gegenwartsrelevanz der Kontroverse *Grimm*, Recht oder Politik?, 2020.

sie nach oder er beschreibt sie. Die Zwiespältigkeit, welche das feste Gefüge der liberalen Staatsauffassung bedroht, kann sich zu ihrer Rechtfertigung darauf berufen, dass die Staatswirklichkeit in der Tat eine Entwicklung eingeschlagen hat, die mit den normalen Maßstäben des liberalistischen Staatsdenkens nicht mehr gemessen, mit den normalen Mitteln der liberalen Staatstechnik nicht mehr gemeistert werden kann. Wirtschaft und Staat, in nahen und doch fast legendären Zeiten der europäischen Geschichte zwei getrennte Phänomene, sind irrational geworden und entziehen sich derjenigen Berechenbarkeit, die das Wesen und den Sinn einer jeden Staatsverfassung, die diesen Namen verdient, ausmachen. Der Staat hat von dem Lebensraum das einzelnen Staatsbürgers in so weitem Umfange Besitz ergriffen, dass selbst der Eremit im Felsgehäuse katastriert wird; es gibt kein Leben mehr im Staat, sondern nur ein Leben mit oder gegen den Staat. Was einstmals die Religion im geistigen Dasein des Menschen bedeutet hat, ist quantitativ und nicht selten auch qualitativ heute der Staat geworden. Der Zusammenschluss der Menschen ist so eng geworden, dass keiner mehr außerhalb der Reihen bleiben kann. Auch der Raum der Völker ist so verengert worden, dass ihre Organisation in viel höherem Maße Bedürfnis geworden ist als dies bisher vorstellbar war. Kein Wunder also, dass unter dem Druck der Staatswirklichkeit auch die staatliche Gesinnung und staatliche Besinnung sich verändern musste und dass der staatlich denkende Mensch heute das Gefühl hat, am Kreuzweg zweier Zeiten zu stehen.[32]

---

[32] In die gleiche Richtung zeitgenössisch *Leibholz*, VVDStRL 7 (1932), 202, 204: „Aber der wirkliche Kampf ist heute nicht mehr der traditionelle Kampf der liberal, wenn auch stark sozial, um nicht zu sagen, sozialistisch affizierten Kräfte mit den mehr oder minder auch sozial gebundenen konservativen Mächten, sondern der Kampf zwischen den im weitesten Sinne noch irgendwie massendemokratischen, den Eigenwert der Persönlichkeit bejahenden Kräfte [sic!] mit den mythisch fundierten, die Freiheit des Individuums in einem mehr oder weniger radikalen Kollektivismus aufhebenden Bewegungen."

V. Der Liberalismus und seine Gegenspieler

Wer die Freiheit als ein ewiges Gut und unverlierbares Besitztum der Menschheit empfindet, hat gegenüber den andrängenden neuen Kräften einen seelischen Rückhalt unschätzbarer Art. Der liberale Mensch wird unter dem Zwange, seinen geistigen Standort zu erkennen und zu behaupten, die Erfahrungen der menschlichen Geschichte, die nichts anderes ist als die Entwicklung des Geistes zur Freiheit, als kostbaren Schatz nutzen. Von diesem Ausgangspunkt aus fällt ihm zunächst einmal die geradezu phantastische Distanzlosigkeit derer auf, die den Anbruch der neuen Zeit verkünden. Es ist ein Zeichen der unverwüstlichen Erlebniskraft des Menschen, ein Beweis für seinen erstaunlichen Entwicklungstrieb, dass er überall Morgenluft wittert, selbst wenn er nur den zweifelhaften Wind um die Nase spürt, den er selbst macht. Als ob die Weltgeschichte sich in Sprüngen vollzöge, als ob die Geschichte und ihre Erfahrungen überhaupt nicht existierten, als ob es vor dem Forum der Geschichte noch einer Beweisaufnahme über Dinge bedürfte, die ihr längst gerichtsnotorisch sind! Aber das hängt damit zusammen, dass Erfahrung nicht erlernbar ist, dass nur eigenes Erleben Erfahrung gewährt, dass nur das Selbsterlebte wirklich ist. Und so erscheinen uns Generations- und Degenerationsvorgänge, die in der von *Aristoteles* klassisch beschriebenen naturgesetzlichen Zyklizität die Geschichte des Staates und damit das Staatsdenken beherrschen, als Urzeugungen eines neuen Geistes, als erlebnishafte Einmaligkeiten, denen gegenüber scheinbar die geschichtliche Erfahrung versagt. Wie jung muss ein Mensch, ein Volk, eine Nation sein, die sich diesem erlebnisstarken, triebhaften Illusionismus hingibt, ihr augenblicklicher staatlicher Aggregatzustand sei der stürmische Anbruch einer neuen Epoche – „und Ihr könnt sagen, Ihr seid dabei gewesen"[33] –, wo es doch nur

---

[33] Der Ausdruck entstammt *Johann Wolfgang von Goethes* erstmals 1822 veröffentlichter, autobiographischer Schrift „Campagne in Frankreich". *Goethe* berichtet darin von seiner Teilnahme am Feldzug der antirevolutionären Koalitionsarmee, bestehend aus Preußen, Österreich und anderen kleineren deutschen Staaten, gegen das revolutionäre Frankreich im Ersten Koalitionskrieg (1792–1797). Am Abend der Kanonade von Valmy (20. September 1792), einer unausgefochtenen Schlacht während dieses Krieges, die mit dem

ein unmerkliches Vorrücken der Geschichte ist, das die Gegenwärtigen so sehr in ihrer Existenz erschüttert.

Was die Liberalen „Distanzlosigkeit" heißen, wird ihnen umgekehrt als Rückständigkeit und Überreife angekreidet. Der liberale Mensch tut gut daran, diesen Vorwurf nicht unbekümmert abzuweisen, sondern diejenigen staatlichen Formen ins Auge zu fassen, die der liberalen Geisteswelt am entschiedensten entgegengesetzt sind.[34]

Zwangsläufig stößt er hierbei zunächst auf die bolschewistische Staatslehre und Staatspraxis.[35] Was eigentlich in Russland vor sich geht, davon wissen wir selbst heute noch verzweifelt wenig, wo wir uns daran gewöhnt haben, aus den enthusiastischen Lobpreisungen der Anhänger und den verzweifelten Verdammungen der Gegner durch Ziehen der Quersumme eine leidlich zutreffende Rechnung aufzumachen. Das aber steht fest: Der Bolschewismus hat die Geschichtslosigkeit nicht nur aus der Not zur Tugend, sondern geradezu zum revolutionären Grundprinzip erhoben. Der Bolschewismus hat die Polarität von Individuum und Gemeinschaft dadurch gelöst, dass er das Individuum der Gemeinschaft opfert. In dem Kollektivismus, der für die individuelle Geisteshaltung keinerlei Berechtigung mehr anerkennt und sie konsequenterweise restlos unterdrückt, hat das liberale Staatsdenken seine erste wirkliche Antithese

---

Rückzug der antirevolutionären Koalitionsarmee aus Frankreich endete und als „Sieg bei Valmy" zum Mythos stilisiert wurde, will *Goethe*, Goethes Werke, 1974, 53 gesagt haben: „Von hier und heute geht eine neue Epoche der Weltgeschichte aus, und ihr könnt sagen, ihr seid dabei gewesen."

[34] In ähnliche Stoßrichtung etwa *Nawiasky*, *Kelsen*, *Heller* und *Morstein Marx*, vgl. die Einführung, II.

[35] Als Untersuchungsgegenstand stieß der Bolschewismus in Theorie und Praxis innerhalb der deutschen Staatsrechtslehre der 1920er- und 1930er-Jahre auf nur verhältnismäßig geringes Interesse. Unter den wenigen Beiträgen etwa *Kelsen*, Sozialismus und Staat, ²1923, 140 ff. und *Kirchheimer*, Zeitschrift für Politik 17 (1928), 593. *Kirchheimers* Beitrag ist eine Zusammenfassung seiner von *Carl Schmitt* betreuten Dissertationsschrift. Siehe außerdem noch *Nawiasky*, Staatstypen der Gegenwart, 1934, 101 ff. – Aus den Sozialwissenschaften stammten umfassendere Beiträge, etwa von *Adler*, Die Staatsauffassung des Marxismus, 1922 oder von *Wieser*, Der Staat, das Recht und die Wirtschaft des Bolschewismus, 1925.

gefunden. Was dem Bolschewismus, von seinen konkreten Staatszielen abgesehen, ganz allgemein die geschichtlich gerade beispiellose Anziehungskraft gibt, ist der ungeheure Optimismus des geschichtslosen Menschen. Was der einzelnen Kreatur an Jenseitigkeitsglauben vom Schöpfer mitgegeben wurde, wird auf den Staat als Diesseitigkeitserfüllung übertragen und verklärt die Staatsallmacht mit dem Heiligenschein einer unüberwindlichen Willensfreiheit des kollektiven Organismus, die den Einzelnen vergessen macht, was er selbst von seinem unverlierbaren Besitztum opfern muss. Daraus erklären sich die verschiedenen Erscheinungsformen des Bolschewismus: Die neue Gesinnung ist der kollektive Geist, der neue Inhalt des Staatlichen ist die kollektive Wirtschaft und die neue Form des Staatlichen ist die Diktatur einer autoritär entstandenen und autonom geschlossenen Führerschicht, deren Rekrutierung sich frei von aller rationalen Normenhaftigkeit vollzieht. Die ganze Staatsstruktur des Bolschewismus ist im wörtlichen Sinn des Begriffes antiliberal. Die Freiheit des Einzelnen wird dem Ideal einer besseren Zukunft bewusst geopfert und dieses an Vernichtung der jetzigen Generation grenzende Opfer wird ideologisch gerechtfertigt und vom Christentum her märtyrerhaft, oder vom Amerikanischen her pioniermäßig verklärt. Für den liberalen Menschen ist das russische Staatsgefühl, soweit er es überhaupt zu verstehen in der Lage ist, die eigentlich existenzvernichtende Antithese und es gibt zwischen seiner Gedankenwelt und derjenigen des kommunistischen Staatskapitalismus keine Brücke.

Die zweite antiliberale Position ist der Faschismus aller Schattierungen.[36] Er erscheint zunächst der willensfreiheitlichen Einsicht des

---

[36] Zum Faschismusdiskurs der 1920er- und 1930er-Jahre steuerten aus Staatsrechtslehrerkreisen signifikant bei *Heller*, Europa und der Fascismus, 1929, 2. Aufl. 1931 und *Leibholz*, Zu den Problemen des faschistischen Verfassungsrechts, 1928. Siehe auch *Nawiasky* (Fn. 35), 131 ff. Aus den Reihen der jungen Wissenschaft des Öffentlichen Rechts stammten ebenfalls hellsichtige Studien: Der aus Wien über London in die USA emigrierte Kelsen-Anhänger *William Ebenstein* lieferte zwei den Transformationsprozess im Zeichen des Faschismus deskriptiv nachzeichnende, entschieden faschismuskritische Studien, unter Pseudonym *Elwin*, Fascism at Work, 1934 und *Ebenstein*, Fascist Italy, 1939. Einen anderen Zugriff wählte der *Heller*-Schüler und ebenfalls in die USA emigrierte *Fritz Ermarth,* dessen Antipathien gegenüber

liberalen Menschen als eine sozial-pathologische Degenerationserscheinung, als ein Ausdruck der seelischen Mutlosigkeit, die offenbar in der jahrzehntelangen psychischen Überbeanspruchung des Einzelnen durch den Staat ätiologisch bedingt ist; denn es bedeutet für die Massen die Furcht vor der eigenen Verantwortung, wenn sich ihr positiver Staatswillen im Gehorchen oder in der Akklamation erschöpft. Die Massen wollen, dass ihnen die Verantwortung abgenommen wird, mit der sie von der Ideologie der willensbetonten Demokratie belastet wurden. Diese pathologische Ermüdungserscheinung, begreiflich genug nach den Anforderungen der letzten Jahrzehnte, ist erst im Nachhinein von den Literaten der Bewegung mit dem ideologischen Ausfluss von Disziplin, Opfer, Gehorsam geschickt mythologisiert worden. Auch hier wird das Individuum dem künstlich geschaffenen Kollektiv bewusst geopfert und dieses Opfer dadurch erleichtert, dass es als Dienst am Staat, als Teilnahme an der nationalen Lebensgemeinschaft verherrlicht wird.

Während aber in Russland die revolutionäre Idee einen wirtschaftlichen Inhalt erhielt und auf wirtschaftliche Ziele hingelenkt und entladen wurde, ist in Italien die kollektivistische Idee, das „Staatsbewusstsein" rein äußerlich-organisatorisch aufgebaut und im Grunde ohne immanente Ideologie durchgeführt worden.[37] Gerade die Romanen, die ungenossenschaftlich in ihrer Geschichte und in ihren

---

dem Untersuchungsgegenstand weder seine Studie zum faschistischen Verfassungsrecht *Ermarth*, Mussolini, 1932 noch die eingehende, staatstheoretisch fundierte Abhandlung *Ermarth*, Theorie und Praxis des fascistischkorporativen Staates, 1932 offenlegen. Beide, *Ebenstein* und *Ermarth*, ließen ihren Faschismusstudien Abhandlungen zum NS-Staat folgen, *Ermarth*, The New Germany, 1936 und *Ebenstein*, The Nazi State, 1943. Damit teilten sie sich u.a. mit *Loewenstein* (Fn. 13) den Untersuchungsgegenstand. Zu Leben und Werk *Ebensteins Kubitscheck*, Jahrbuch des öffentlichen Rechts 71 (2023), 475; zu *Ermarth* im Erscheinen *Kubitscheck*, Jahrbuch des öffentlichen Rechts 72 (2024).

[37] In Anschluss an diese These sollte *Loewenstein* den Faschismus fortan als Herrschaftstechnik zur Machterlangung und -erhaltung verstehen, explizit *Loewenstein*, The American Political Science Review 31 (1937), 417, 423: „Fascism is not an Ideology but a Political Technique." Vom fehlenden Unterbau einer faschistischen Ideologie ging *Loewenstein* bereits viele Jahre zuvor aus, siehe seinen Brief an *Gerhard Leibholz* vom 8. Januar 1929, Nachlass Gerhard Leibholz, N 1334/457, Bundesarchiv Koblenz: „Die Ideologie des

Lebensformen sind und die an sich die geborenen Liberalen abgeben, weil sie nur individuell leben können, sind unter dem Druck der Anziehung des Gegensätzlichen umso tiefer dieser kollektiven Organisationsform verfallen, ohne daraus gleichzeitig eine kollektive Geisteshaltung anzunehmen. In Wahrheit ist der Faschismus aber nur eine Zufälligkeit der innerpolitischen Nachkriegssituation Italiens, der gerade von den klugen Italienern jede innere Kapazität zur Verallgemeinerung bestritten wird. Zwischen der Regierungsform des Faschismus und der italienischen Wirtschaft besteht überhaupt kein logischer Zusammenhang im Sinne einer geistigen Notwendigkeit, wie sie in Russland zwischen kommunistischer Wirtschaftsethik und staatlicher Organisationsform vorhanden ist. Der Faschismus in Italien ist nicht nur ein Geschöpf der bürgerlich-kapitalistischen Wirtschaft, sondern diese hat es verstanden, sich gegenüber dem formalen Organisationskollektiv des Staates völlig immun zu halten. Wirtschaft und Staat sind in Italien voneinander ebenso unabhängig wie im bürgerlich-liberalen Rechtsstaat; diese Situation wird auch durch die ideologische Verschleierung in der Carta del Lavoro[38] nicht verdeckt. Alles Gerede und Gehabe des „korporativen Staates" hat das italienische Volk nicht um einen Deut gewerkschaftlicher gemacht. In der italienischen Wirklichkeit ist also der Wirtschaftsliberalismus höchstens in Einzelheiten vom kollektiven Staatsapparat verbogen, im Ganzen aber intakt geblieben. Es ist sogar eine „Libèrierung" der Wirtschaft insofern eingetreten, als die Organisationen der Arbeitnehmer politisiert und damit aus dem wirtschaftlichen Konkurrenzkampf ausgeschaltet wurden. Unfähig, oder besser, unwillig, die bürgerlich-kapitalistische Wirtschaftsordnung zu beseitigen oder auch nur zu durchdringen, hat daher die faschistische Praxis des totalitären Staats das Privatleben der Gewaltunterworfenen bis ins eheliche Schlafzimmer ergriffen und hier allerdings zu ebenso sichtbaren wie

---

Fascismus scheint mir im übrigen so dürftig, dass sie gegenüber den Ewigkeitswerten der Freiheit auf die Dauer nicht bestehen wird."
[38] Die Carta del Lavoro (Charta der Arbeit), deren 30 Artikel im April 1927 in Kraft getreten waren, sollte als Arbeitsverfassung des faschistischen Italien den Weg zu einem korporativen Ständestaat ebnen. Eingehend dazu *Reiter*, Entstehung und staatsrechtliche Theorie der italienischen Carta del Lavoro, 2005.

fühlbaren Ergebnissen geführt, deren antiliberale Grundhaltung kein Einsichtiger verkennen wird.

Die geistige Freiheit des italienischen Volkes ist heute auf ein Maß herabgesunken, das mit dem geschichtlichen Bewusstsein der Nation, die Trägerin der Renaissance gewesen ist, im unvorstellbaren Widerspruch steht. Die unaufhaltsame Verstaatlichung der öffentlichen Meinung, die Nivellierung der Presse als offizielles Ausdrucksmittel faschistischer Politik, die Unterdrückung der Meinungsfreiheit an Universitäten, Schulen, Theater, das Fehlen jeder legalen Opposition, der Fortfall jeder gesetzlichen Kontrolle der Verwaltung, die Aufhebung der Selbstverwaltung, alle diese einzelnen Etappen auf dem Wege der Entliberalisierung der italienischen Nation sind von einer Einheitlichkeit der Staatstechnik erfunden und macchiavellistisch durchgeführt, die selbst dem liberalen Menschen eine Art von Bewunderung einflößt, die er vor jeder vollendeten technischen Leistung schlechthin hegen muss. Aber es zeigen sich bereits die Folgen; denn keine gesetzlose Herrschaft kann auf die Dauer ohne Einfluss auf das rechtsstaatliche Bewusstsein der Gewaltunterworfenen bleiben. Über dem Umstand, dass die Eisenbahnzüge pünktlich abgehen und ankommen und dass das Falschgeld den Taschen der Fremden ferngehalten wird, darf nicht übersehen werden, dass eine moralische Depravierung des Volkscharakters stattgefunden hat, der allerdings seit Jahrzehnten an die Tyrannis gewöhnt war und den kurzen Augenblick des freiheitlichen Regimes, das *Cavour*[39] geschaffen hat, nicht in sich hat Wurzel fassen lassen. Da die faschistische Partei heute nicht etwa eine Partei im Staat darstellt, sondern selbst der Staat ist, ist die Herrschaft des Parteibuchs legalisiert worden; was dem neutralen Beobachter als eine beispiellose Korruption der Verwaltung erscheint, was er an der parteimäßigen Rechtspflege und an dem völligen Mangel aller Rechtsgarantien der Freiheitsrechte auszusetzen hat, wird die faschistische Ideologie triumphierend als die Durchdringung von Staatsgesinnung und Staat lobpreisen und das Opfer,

---

[39] *Camillo Benso von Cavour* (1810–1861) war langjähriger Ministerpräsident des Königreichs Sardinien und als solcher maßgeblich an der im März 1861 erfolgten Gründung des Königreichs Italien beteiligt. Kurz nach seiner Ernennung zum Ministerpräsidenten des ersten modernen italienischen Nationalstaats verstarb er im Juni 1861.

das der Einzelne bei der Ausübung subjektiver Rechte erleidet, mit dem Zuwachs an Staatsmacht kompensieren, der selbst die primitiven Rechtsgarantien zu weichen haben.

Es ist dem Faschismus in der Tat gelungen, das 19. Jahrhundert völlig auszulöschen und mit der Verfemung von Liberalismus und Demokratismus den unmittelbaren Anschluss an die absolute Herrschaft herzustellen, die erst um die Mitte des vorherigen Jahrhunderts von der Halbinsel verdrängt worden ist. Es ist die Linie, die von *Rousseau* zu *Hobbes* führt und für die der Leviathan genauso demokratisch wie autoritär angetrieben werden kann. Das faschistische Regime war klug genug, das aus dem Staatlichen verdrängte Freiheitsgefühl des Einzelnen auf die Verbesserung des äußerlichen Lebensstandards zu verweisen. Das Land der großen Künstler und Dichter ist heute von einem Taumel des Mechanischen ergriffen, wie er kaum je, selbst in Amerika nicht, beobachtet wurde: Die Vergötterung der Maschine „la maccina" kommt dem spielerisch technischen Geist des modernen Italieners ebenso entgegen, wie die großen organisatorischen Leistungen im Innern und die Sicherheit der Staatsführung im Äußern sein nationales Selbstgefühl gesteigert haben. Allerdings stehen viele der Besten in erbitterter Opposition oder in philosophischer Duldung der faschistischen Ideologie und Praxis gegenüber. Alle diese Schatten sind verdeckt durch das Licht, das von der großen Persönlichkeit *Mussolinis* ausstrahlt, der, zugleich gesunder Bauerninstinkt und gewitzter Journalist, es verstanden hat, die Realpolitik scheinbar den ideologischen Bedürfnissen unterzuordnen. Aber der Zufall und das Glück der einmaligen historischen Persönlichkeit können die immanenten Dauerwerte der menschlichen Freiheit, die der Faschismus mit Recht als seinen Todfeind erkennt und verfolgt, nicht aufheben. Für den liberalen Staatsdenker ist die bedeutsame Erscheinung des faschistischen Staates nichts anderes als eine vorübergehende Form autoritärer Herrschaft, erwachsen aus der einmaligen politischen und seelischen Konstellation des italienischen Volkes, getragen von der einmaligen Kraft einer großen Führerpersönlichkeit, aber nicht geeignet, die auf das Wesen der menschlichen Natur gegründeten Überzeugung von der Unüberwindlichkeit der Freiheit zu erschüttern.

VI. Die geistesgeschichtliche Situation des Liberalismus in Deutschland

Es ist die Tragik des deutschen Liberalismus, dass er nie eine wirkliche Oppositionspartei war. Die politische Auflehnung des Liberalismus gegen den verhüllten Absolutismus des dynastischen Prinzips im Jahre 1848 ist an der deutschen Staatsgesinnung spurlos vorübergegangen; vor dem Krieg waren die „Ideen von 1848" Gegenstand einer ironischen oder mitleidigen, bestenfalls sentimentalen, auf jeden Fall aber nur musealen Betrachtung. Als das Bürgertum nach den siegreichen Kriegen von 1864, 1866 und 1870 zur offiziellen Teilnahme an der Staatswillensbildung, wenn auch noch lange nicht an der Staatsführung zugelassen wurde, hatte es keine Veranlassung, sich durch eine eigene geistesgeschichtliche Ahnenreihe zu legitimieren; das mittelständische Bürgertum, das damals zum Träger des liberalen Gedankens aufwuchs, sah die Belohnung für seine Staatstreue in der von der anderen Seite unwillig zugelassen, aber immerhin möglichen Assimilierung mit dem herrschenden konservativ-dynastischen Staatsprinzip. Der Unterschied zu der politischen Entwicklung in England liegt auf der Hand: Dort war der Liberalismus in soziologischer Homogenität mit den Schichten, welche wirtschaftlich den Staat trugen: ihr Liberalismus war es gerade gewesen, der ihnen den Staat untertan gemacht hatte. Im Deutschen Reich *Bismarcks* war es umgekehrt. Hier war der Liberalismus geduldet und zugelassen, weil er sich dem dynastischen Konservatismus gegenüber betont und bewusst staatstreu verhielt. Die Nationalliberalen und die Fortschrittliche Volkspartei waren gegenüber der herrschenden Staatsgesinnung und Staatstheorie durchaus positiv. Andererseits verflüssigten sich die Grenzen; denn auch der Konservativismus wurde in mancher Hinsicht „liberalisiert" und gerade das Zentrum ging aus dem Kulturkampf mit einem tiefgewurzelten Misstrauen gegen den Staat und somit auch liberalen Gedankengängen angenähert hervor. Es ist kein Zufall, dass in *Paul Laband*[40] dem Deutschen Reich *Bismarcks* der führende Staatsdenker entstand, der, schon seiner wissenschaftlichen

---

[40] *Paul Laband* (1838–1918), neben *Georg Jellinek* und *Robert Piloty* einer der Gründerväter des Jahrbuchs des öffentlichen Rechts und jahrzehntelang Staatsrechtslehrer an der Kaiser-Wilhelm-Universität in Straßburg, wurde

Herkunft nach liberal indiziert, als Triumphator des staatsrechtlichen Positivismus zwangsläufig frei von jeder irrationalen Romantik und Staatsverherrlichung eine in ihrer Tendenz und Wirkung durchaus liberale Staatsauffassung zur offiziellen Staatslehre des Deutschen Reiches um die Jahrhundertwende gestalten konnte.

Die Rolle der eigentlichen Oppositionspartei, geistig und politisch, übernahm die Sozialdemokratie. Auch über ihr waltet ein tragisches Verhängnis, tragisch für die deutsche Geschichte: Sie war als Klassenkampfpartei nicht geschaffen, den Besitz-Liberalismus zu fesseln; sie musste, in dem Boden der materialistischen Geschichtsauffassung wurzelnd, daneben auch die Richtung des liberalen Bürgertums, die ihr sonst politisch nahestand, dauernd entfremden. Alle diese Gegensätze bewirkten, dass sich die Schnittflächen zwischen den Parteibildungen nicht abschliffen, sondern zu immer größerer Kantigkeit verstärkten und dass jenes heilsame Amalgam der Parteidoktrinen sich nicht gestalten konnte, das es beispielsweise in England den führenden Staatsmännern gestattete, einmal oder mehrmals in ihrem Leben die Partei zu wechseln und dass das „Schwingen des Pendels" bei den Generalwahlen nicht weltanschaulich entarten, sondern nur wahltaktisch ausschlagen ließ. Die Gruppierung des Vorkriegsstaates in Deutschland in parteimäßig scharf getrennte Lager – denn auch das Zentrum ließ keine Fluktuationen zu – hat dann in der Folgezeit zu der vielbeklagten Versteinerung des Parteiwesens geführt, an der auch die Staatsumwälzung von 1918 nichts Entscheidendes ändern konnte.

Die Verfassung von Weimar ist allerdings eine liberale Verfassungskonzeption; *Hugo Preuss* kodifizierte das liberale Gedankengut

---

durch seine erstmals 1876 veröffentlichte, vierbändige Abhandlung „Das Staatsrecht des Deutschen Reiches", mit ihren sechs weiteren, bis 1919 erschienenen Auflagen das unangefochtene staatsrechtliche Standardwerk, die epochenprägende Figur der deutschen Staatsrechtslehre in der Zeit des kaiserlichen Deutschlands. Treffende zeitgenössische Würdigung durch Fachkollege *Zorn*, Jahrbuch des öffentlichen Rechts 1 (1907), 47, 72: „Alle staatsrechtliche Arbeit nach Laband steht auf seinen Schultern." Näher zu Leben und Werk *Pauly*, in: Heinrichs (Hrsg.), Deutsche Juristen jüdischer Herkunft, 1993; *Mußgnug*, in: Häberle/Kilian/Wolff (Hrsg.), Staatsrechtslehrer des 20. Jahrhunderts: Deutschland – Österreich – Schweiz, ²2018. Siehe auch *Schlink*, Der Staat 31 (1992), 553.

des ausgehenden 19. und die demokratische Staatstechnik des beginnenden 20. Jahrhunderts und die Nationalversammlung konnte nichts mehr daran ändern als es an manchen Stellen mit sozialem oder sozialistischem Aufputz zu versehen. So trat eine Verfassung ihren Lebensgang an, die, historisch besehen, vielleicht eine Generation früher zeitgemäß gewesen wäre; während der liberale Mensch der Vorkriegszeit keine Verfassung hatte, hatte die liberale Verfassung nunmehr keine liberalen Menschen mehr. Die Verfassung von Weimar musste schon zu Beginn ihrer Lehrjahre des Rückhalts einer mit ihr verankerten breiten liberalen Bevölkerungsschicht entbehren; denn dem Bürgertum aus der Zeit unmittelbar nach dem Weltkrieg wurde von den sich überstürzenden wirtschaftlichen Ereignissen keine Zeit gelassen, die durch den Krieg bewirkten Vermögensverschiebungen zu berichtigen und den aus dem Weltchaos geretteten wirtschaftlichen Besitz zu konsolidieren. So ergab es sich, dass die Opposition gegen die Weimarer Verfassung von Anfang an antiliberal bestimmt war und dass die Verteidigung der liberalen Verfassung gerade jenen soziologischen Schichten zufiel, die bisher selbst antiliberal gewesen war, nämlich der Sozialdemokratie. Getreu der starren deutschen Parteidynamik blieb es der Sozialdemokratie auch jetzt versagt, sich diejenigen besitzbürgerlichen Schichten zu assimilieren, die zwangsläufig mit der zunehmenden Entliberalisierung des Staates, hätten zu ihr getrieben werden müssen; hätte die Sozialdemokratie die von ihr nicht gewünschte, aber ihr historisch zugefallene Rolle der liberalen Mittelpartei nicht von Anfang an verkannt, so hätte sie gerade diejenigen besitzbürgerlichen Schichten auffangen können, die ihre Depossedierung durch Krieg, Inflation und Deflation nicht als ein fatalistisch ertragenes Schicksal, sondern nur als ein augenblickliches und vorübergehendes Missgeschick empfinden. Hierfür ist die historische Stunde vielleicht noch nicht versäumt.

Die verhängnisvolle Gleichsetzung des demokratischen Staates mit dem liberalen Staat hat es mit sich gebracht, dass alle bis zum Überdruss breitgedroschenen Argumente gegen die Demokratie gleichzeitig den liberalen Staat treffen müssen. Es gibt wohl keine einzige demokratische Institution, die von den Verdammungsurteilen der antiliberalen Opposition sicher geblieben wäre. Man hat die Idee der Volkssouveränität, die ihr auf der ganzen Welt zu einem neuen glaubensmäßig fundierten Weltanschauungsdogma geworden ist, als blutleere Abstraktion gescholten; der Parlamentarismus musste versagen, weil die „Deliberation", die in den „Schwatzbuden" geübt wurde, dem „tatbewussten" „schöpferischen" Wesen der auf „Dezision" beruhenden Staatsführung unterlegen ist. Dass man für die unsterbliche Idee der Menschen- und Bürgerrechte kein Verständnis hatte, wiegt gering verglichen mit den Angriffen, die sogar gegen das allgemeine Wahlrecht, besonders gegen das Frauenwahlrecht, gerichtet wurden. Man missverstand den Sinn des Parlamentarismus, der die Bestellung der Führung und ihre Kontrolle durch die Nation in wohlabgewogenen Grenzen der Berechenbarkeit garantiert und man verwarf mit dem als typisch liberal angesehenen Vorbehalt des „Koalitionismus" die parlamentarische Regierungsbildung als solche, im Glauben, man könne in einer nur durch freies Spiel der Parteibildung funktionalen Massendemokratie die Staatsführung durch eine romantisch-irrationale Akklamation ausgestalten. Die Staatslehre hat diese antidemokratische und antiliberale Bewegung zwar nicht bestimmt, aber doch mit sichtlichem Wohlwollen gefördert. Sie schritt zu jenen philosophisch und historisch mangelhaft unterbauten Wunschtraumgebilden des „integralen"[41] und des „totalen"[42] Staates, Erscheinungsformen der antiliberalen Geisteshaltung von unzweifelhaft höchstem theoretischem Interesse und von ebenso unzweifelhaft höchster Unbrauchbarkeit für die rechtsstaatliche Dynamik des Alltags. Dass der Liberalismus, soweit er außenpolitisch überhaupt noch beachtlich wurde, als international und pazifistisch angeprangert wurde,[43] ist angesichts des außenpolitischen Drucks seit dem Friedensvertrag von Versailles verständlich, muss

---

[41] Vgl. *Smend* (Fn. 12).
[42] Vgl. *Schmitt* (Fn. 17).
[43] Den deutschen pazifistischen Liberalismus auf internationalem Parkett repräsentierte wie kein zweiter *Loewensteins* Staats- und Völkerrechtslehrerkollege *Walter Schücking* (1875–1935), Mitglied der Nationalversammlung 1919, langjähriges Mitglied des Reichstags (DDP) und von 1930 bis zu seinem Tod erster deutscher Richter am Ständigen Internationalen Gerichtshof in Den Haag. Zu seinem Leben und Werk in Einzelheiten *Acker*, Walther Schücking, 1970. Siehe auch zu *Schücking* als Teil seiner liberalen Gelehrtenfamilie *Morgenstern*, Bürgergeist und Familientradition, 2012, 254–261, 290–313, 359–384, 426–434.

aber erwähnt werden, um das Bild der defensiven Isolierung des liberalen Staatsgedankens im gegenwärtigen Augenblick entsprechend zu vervollständigen.

VII. Die inneren Gründe des antiliberalen Staatsdenkens

Stellt man sich die Frage, woher es kommt, dass ein Land wie Deutschland, besiedelt von einer friedfertigen, besitzliebenden, staatsgehorsamen, in jeder Hinsicht die Mitte des Lebens haltenden Bevölkerung, im Verlaufe knapp eines Jahrzehnts aus seiner geistigen Mitte gerissen und in die letzten Extreme verworfen werden konnte, so ist die Antwort für jeden, der dieses Jahrzehnt erlebt hat, einfach genug.

Während das 19. Jahrhundert noch glaubte, der Staat sei eine politische Funktion, wissen die Lebenden, das der Staat höchstens eine wirtschaftliche Funktion ist. Der Primat des Wirtschaftlichen vor dem Politischen hat Grund und Folge, Ursache und Wirkung, völlig verschoben. Die weltwirtschaftlichen Verschiebungen bewirken eine Umschichtung des besitzbürgerlichen Wohlstandes, der in Deutschland zu einer unaufhaltsamen Verringerung derjenigen Schichten führte, die im Liberalismus die Garantie ihrer besitzbürgerlichen Struktur erblickten. Die Inflation hat in einem erst heute voll erkannten Umfang den bürgerlichen Mittelstand enteignet und den Besitz proletarisiert. Der besitzlose Bürger geht nicht zum Kommunismus, zu dem er keine weltanschauliche Beziehung hat, weil er ja Besitzlosigkeit als Mangel und nicht als Tugend empfindet. Der besitzlose Bürger wendet sich also derjenigen politischen Richtung zu, die ihm die meisten Hoffnungen auf Wiedergewinnung seiner besitzbürgerlichen Qualitäten macht. Die Industrie andererseits hat zwar, wenn auch nicht rechnungsmäßig, so doch im Rahmen der allgemeinen volkswirtschaftlichen Statik, ihre Besitzstellung behauptet; sie gibt den weltwirtschaftlichen Druck, der ihre Gewinnspanne schmälert, als Lohn- und Preisdruck nach unten, nach innen weiter. Sie sympathisiert daher mit allen Bestrebungen, die ihr auf dem Wege zu diesem Ziel dienlich erscheinen. Echt dagegen sind die Bedrängnisse des Bauernstandes und des trotz der staatlichen Subventionen als Wirtschaftsform verlorenen Großgrundbesitzes. Die Erkenntnis, dass hier in der Tat eine auf die Dauer nicht mehr aufrecht zu erhaltende Wirtschaftsform ihrer Auflösung entgegengeht, treibt gerade diese Schichten der Betroffenen in das radikale Lager.

Verlängert und verstärkt werden die wirtschaftlichen Wirkungen durch die außenpolitischen Ursachen. Das Ressentiment der Niederlage bricht sich an dem seelischen Aufschwung des Nationalgefühls. Der kurze Glanz des Bismarckschen Reichs wird erinnerungsmäßig mythologisiert. Die erzwungene äußere Abrüstung wird kompensiert durch die seelische Aufrüstung im Innern; die nicht zum geringsten Teil aus der Weltlage resultierenden Misserfolge der äußeren Politik werden im nationalen Kollektivbewusstsein verdrängt. Die außenpolitische Ohnmacht setzt sich in eine fieberhafte innenpolitische Aktivität um und verkennt dabei, dass nicht die äußere Politik von der inneren bestimmt, sondern die innere Politik nach der äußeren gestaltet werden muss. Den stärksten Bundesgenossen gewinnt diese nationale Seite der Bewegung in der unbegreiflichen Blindheit und Dummheit der übrigen Nationen; sie begingen den psychologisch nicht wieder gutzumachenden Fehler, die Reparationspolitik nicht als wirtschaftliche Wiedergutmachung, sondern als politische Sanktion zu betreiben, mit dem – vielleicht nicht beabsichtigten – Ergebnis, das deutsche Volk in die Rolle des Sündenbocks unter den Nationen, des Paria unter den Völkern hineinzudrängen und damit jene Eigenschaften, die angeblich die Verfemung des Deutschen verschuldet hat, vor seinen eigenen Augen geradezu als Nationaltugenden erscheinen zu lassen. Die Antwort des Bedrängten war nicht nur der Hass gegen Versailles, sondern auch die Verachtung für Genf.[44]

Es ist fraglich, ob der der Mitte zugeneigte Charakter des Deutschen sich hätte so entscheidend radikalisieren lassen, wenn nicht ein äußeres Bild vor Augen getreten wäre, dessen Lockung er in zunehmendem Maße unterlag: Die Faszination durch die Regierungsführung der Diktatur. Auf der einen Seite sah der besitzlos gewordene Bürger, die ihrer Zukunftshoffnung beraubte, auf dem engen Raum zusammengedrängte Jugend, die angebliche Unfähigkeit der Weimarer Verfassung, eine einheitliche Staatsführung zu ermöglichen; die

---

[44] Genf steht hier für den seinerzeit dort ansässigen Völkerbund.

Nation erlebte das Schaukelspiel der Koalitionsregierungen und das Gaukelspiel der Parteiherrschaft und der Parteienzersplitterung. Unerfahren in der erlernbaren, aber eben auch zu erlernenden Technik demokratischer Staatsführung, wurden die breiten Massen von den bisherigen Methoden der Regierungsbildung abgestoßen. Der gesunde Instinkt eines jeden Volkes will mit der Technik der Regierungsführung möglichst wenig befasst werden; die Masse will nichts anderes, als regiert werden. Sie kümmert sich keinen Deut darum, wie die Fäden der Regierungsmaschinerie im Einzelnen gezogen werden. Dazu kam die Irrmeinung, dass die Patronage der Parteien erst ein Ergebnis der Demokratie sei; man vergaß, dass im Wilhelminischen Vorkriegs-Deutschland eine nicht überbietbare Überpolitisierung der Ämterpatronage durch die Regierungsparteien ausgebildet war; erst nach 1919 wurde eben durch den Wechsel der Parteimehrheiten eine größere Gewissheit geboten, dass in der Tat alle Parteien beim Rekrutierungsprozess der Bürokratie zum Zuge kommen. Die Idee der Parteibuchbürokratie hat aber seltsamerweise ihre Schrecken für die Masse verloren; im Gegenteil, in einer konsequenten Durchsetzung der Bürokratie mit den Angehörigen der eigenen Parteirichtung wird geradezu der Vorzug der einheitlichen Umsetzung der Regierungsführung in die Verwaltungspraxis beabsichtigt.

Auch hier hat das Vorbild des Faschismus die tiefsten Wirkungen gezeitigt. Gegenüber der mühsamen Technizität der Regierungsbildung und Regierungsführung unter einer demokratischen Verfassung erscheint die Simplizität der diktaturmäßigen Staatsführung als eine befreiende Tat, als eine vom Standpunkt der staatlichen Gesamtökonomie aus kostbare Einsparung nationaler Kräfte. Hier sucht die sozial-pathologische Ermüdung der Massen infolge der Überpolitisierung ihren Ausweg in einem Wunschtraumideal, das aus politischer Romantik und Autoritätsglauben zusammengesetzt ist. Die Führer-Idee in jener abstrakten Gottähnlichkeit, wie sie jetzt den Massen vorschwebt, ist das zwangsläufige Korrelat einer immer tiefer fressenden und weiter um sich greifenden Flucht der Abdankung der Massen aus der Verantwortung. Die Abdankung der Selbstentscheidung, die Ausschaltung der freien Selbstbestimmung zugunsten des Führerideals ist die Reflexwirkung jener Überspannung des Politischen, die seit bald zwei Jahrzehnten die gegenwärtige Generation in

Atem hält. Der Druck der wirtschaftlichen Nöte führt zur Bagatellisierung des Politischen und das gefügige Werkzeug in der Hand des Diktators sind gerade jene Massen von gewohnheitsmäßigen Nichtwählern, die man durch künstliche Überhitzung der Agitationsmittel an die Wahlurnen getrieben hat. Sie geben ihre Stimme ab und sind dem Berufspolitiker dankbar dafür, dass er ihnen die Verantwortung abnimmt. In einem noch vor zehn Jahren unvorstellbaren Umfang sind heute Berufspolitiker im eigentlichen Sinn erwachsen, Leute, die aus der Politik ihren Beruf machen und von ihr leben, d. h., da es als Politik nur die Parteipolitik gibt, leben sie von der Partei. Hand in Hand damit geht die zunehmende Entpolitisierung der Massen, die, von den schwierigen sachlichen Einzelentscheidungen ferngehalten, die ganze Macht ihrer Anhänglichkeit auf die Person des Führers konzentrieren und ihm dadurch jene Resonanz der personalplebiszitären Akklamation verschaffen, welche es den Führern ermöglicht, sich auf die demokratische Legitimität ihrer Führerstellung zu berufen und auf die Legalität zu verzichten, als sie sich auf die Legitimität der Macht verlassen zu können glauben. Das organisatorische Geschick des Deutschen zeigt sich auch hier: Die Lähmung der Selbstentscheidung des Einzelnen wird organisatorisch durch einen Caucus erreicht, der seine Vorbilder in den von *Ostrogorski* so meisterhaft geschilderten amerikanischen und englischen Vorgängen des ausgehenden 19. Jahrhunderts hat.[45] Dieser Intensität des politischen Massenerlebnisses gegenüber versagt das liberale Vernunftsbedürfnis wie der Gleichheitsglaube der demokratischen Ideologie, wie die stille gottesdienstliche Handlung vor der Turbulenz der Geißlerzüge versagen musste. Zu ihrem Nachteil war auch die Freiheit der Verfassung von Weimar nicht wirklich erlebt, sondern gewissermaßen nur

---

[45] *Moissei Jakowlewitsch Ostrogorski* (1854–1921) war ein russischer Jurist und Politikwissenschaftler. *Loewenstein* spielt hier auf dessen einflussreichstes Werk „Democracy and the Organization of Political Parties" von 1902 an. Darin untersucht *Ostrogorski* Entstehungs- und Entwicklungsprozesse genauso wie Organisationsstrukturen und Funktionen politischer Parteien am Beispiel verschiedener moderner Demokratien und leistete damit im Bereich der vergleichenden Parteienforschung Pionierarbeit. Zu *Ostrogorskis* Werk und Wirken *Barker/Howard-Johnston*, Political Studies 23 (1975), 415; *Quagliariello*, Politics Without Parties, 1996.

unerlebt benutzt worden. Das Kollektivbewusstsein steigert sich nach Art aller Massenerlebnisse – die Drahtzieher des neuen Caucus sind genaue Kenner der Massenpsychologie – zu einer Beteiligung des Einzelnen am Massenschicksal, die ihn stärker in den Kreis des Geschehens stellt als alle demokratisch-liberale Erkenntnis des abstrakten Wertes freier Selbstbestimmung.

Die Anonymität der Verantwortung in der Führung ist bei den Nationalsozialisten und Kommunisten in gleicher Weise ausgeprägt: Es fehlt jede Verbindung zwischen den geführten Massen und dem Führer; an ihrer Stelle sind jene kindlich-naiven Massensymbole der Fahnen und Abzeichen, deren billige Zweckhaftigkeit von dem Bedürfnis nach kollektiver Ordnung und Einordnung getragen wird.

Diese Unterwerfung der Massen unter die Führung, ganz gleich welche inhaltlichen Vorstellungen von den sachlichen Zielen sie mit der Unterordnung unter die Gehorsamkeit verbindet, ist eine typisch sozial-psychologische Erscheinung des Kollektivismus und insofern entleerter und entseelter Kollektivismus, weil die Masse nichts anderes zum Organismus zusammengefügt hat als der Wunsch nach Veränderung, weil kein inhaltliches Ideal dazu bestimmt ist, den formalen Rahmen der Diktatur zu erfüllen. Ein logischer Zusammenhang zwischen der kollektiven Staatsorganisation und der Wirtschaft ist einstweilen in Deutschland auch programmatisch nicht zu erkennen; hier ist der Opportunismus des wirtschaftlichen Gestaltungswillens im Nationalsozialismus der faschistischen Wirtschaftsstruktur durchaus gleich, während umgekehrt der russische Staatskollektivismus eine allbeherrschende Wirtschaftsethik zum programmatischen Mittelpunkt erhoben hat. Die neue Staatsform in Deutschland kann daher nur diejenige der formalen Autorität und, mangels eines positiven ideologischen Programmes, nicht die eines organischen Kollektivismus sein. Die Wirtschaftsstruktur, auf deren Reibungen ja letztlich die Nöte der in der Massensuggestion befangenen Einzelnen zurückzuführen sind, kann durch den Verfassungswechsel nicht geändert werden; die autoritäre Regierungsform in Deutschland muss sich daher auf ihren anderen ideologischen Sinn, den Nationalismus, besinnen und stützen. Bisher hat niemand, auch *Freyer*[46] mit seinem verworrenen Tiefsinn nicht, zu zeigen vermocht, was ein kollektiver Nationalismus ist, wie sich die nationale Lebensgemeinschaft im harten Raum der wirtschaftlichen Notwendigkeiten behaupten wird.

Niemand kann sich unter der nationalen Diktatur etwas anderes als eine Verstärkung des gegenwärtigen staatskapitalistischen Systems bestenfalls mit einer wirtschaftsständischen Fassade vorstellen. Die Diktatur aber lediglich um der Diktatur, also um eines formalen Prinzips willen, an die Stelle des demokratischen Staatsapparates zu setzen, diesen herostratischen Nonsens zu verhindern, ist die augenblickliche zeitgeschichtliche Aufgabe des liberalen Staatsdenkers in Deutschland.

VIII. Die liberalen Errungenschaften

Die Gegner werden nun fragen, welches sind die liberalen Errungenschaften, vor denen der Ansturm der neuen Staatsidee Halt machen soll? Sie werden darauf pochen, dass die Zeit des Manchestertums vorüber ist, dass das wirtschaftliche „laissez-faire laissez-aller" längst der Vergangenheit angehört, dass der Staat ja gerade, um den wirtschaftlichen Krieg Aller gegen Alle zu vermeiden und um den Schwächeren vor der Ausbeutung durch den Stärkeren zu schützen, die Dämme der Sozialpolitik, der Kartellgesetzgebung, der Koalitionsfreiheit, des Schlichtungswesens, des Tarifvertrages und aller anderen

---

[46] *Hans Freyer* (1887–1969) war ein deutscher Soziologe, in der Weimarer Periode Anhänger der Konservativen Revolution und später überzeugter Nationalsozialist. In engem Zusammenhang mit der namentlichen Erwähnung *Freyers* an dieser Stelle dürfte seine Schrift *Freyer*, Revolution von Rechts, 1931 stehen, in der er einen individuellen Freiheitsbegriff entschieden bekämpft. Zur Biographie *Sieferle*, Die konservative Revolution, 1995, 164 ff. Zum Werk *Üner*, Soziologie als „geistige Bewegung", 1992 ; *Remmers*, Hans Freyer: Heros und Industriegesellschaft, 1994. Siehe auch *Moebius*, in: Acham/Moebius (Hrsg.), Soziologie der Zwischenkriegszeit. Ihre Hauptströmungen und zentralen Themen im deutschen Sprachraum, Band 1, 2021.

Sicherungen des Einzelnen aufgerichtet habe, dass also der Staat gerade die Freiheit des Einzelnen aufgerichtet habe, dass also der Staat gerade die Freiheit des Einzelnen im Rahmen der kapitalistischen Wirtschaftsform garantiere. Diese Einwendungen treffen aber nicht den Kern der Sache; sie beruhen auf einer Gleichsetzung materialistischer Folgeerscheinungen mit idealistischen Beweggründen. Niemand, dem es mit dem Liberalismus ernst ist, wollte das Rad der Geschichte zurückdrehen, auch wenn er es vermöchte. Niemand will eine Rückkehr der Zeiten, in denen die Arbeitskraft als Ware den Schwankungen der Weltkonjunktur schutzlos preisgegeben ist und die Träger der Arbeitskraft dann, je nach der Kurve des Aufstiegs oder Abstiegs des Arbeitsmarktes angezogen oder abgestoßen werden. Soweit die einverständlichen Arbeitsmarktbedingungen zwischen Arbeitgeber und Arbeitnehmer unmöglich sind, kann der Staat als regulierender und ausgleichender Faktor unmöglich entbehrt werden. Die Stellung der Staatsgewalt ist heute, mit der zunehmenden Komplizierung des kapitalistischen Apparates, eine viel zentralere als sie in der Hochblüte des klassischen Wirtschaftsliberalismus im 19. Jahrhundert gewesen ist; darüber gibt sich kein einsichtiger Liberaler einer Täuschung hin.

Das Kernproblem des liberalen Wirtschaftsdenkens ist noch immer der Kampf um den Freihandel. Hier scheiden sich die Geister. Die augenblickliche Weltsituation hat allerdings scheinbar die liberale Freihandelsgesinnung ad absurdum geführt: Selbst Großbritannien, seit bald 100 Jahren das klassische Freihandelsland, ist jetzt mit fliegenden Fahnen in das Lager des Protektionismus übergegangen. Die liberale Wirtschaftsgesinnung wird sich von dieser augenblicklichen Niederlage nicht beeinflussen lassen: Für sie ist gerade von dem Gesichtspunkt der möglichsten Verbesserung des menschlichen Lebensstandards aus, bei dem die größtmögliche Zahl von Menschen mit den besten Mitteln zur Lebensführung ausgestattet werden soll, ein unverlierbares Ideal, dem anzuhängen gerade selbst dann geboten ist, wenn die Wirtschaftspraxis sich von der Idee abgewendet hat. Der Protektionismus ist dem liberalen Menschen aber vor allem dann verdächtig, wenn er nicht rein wirtschaftlich begründet, sondern ideologisch motiviert ist und wenn an die Stelle wirtschaftlicher Zweckmäßigkeitserwägungen die romantische Argumentation von der Autarkie der nationalen Lebensgemeinschaft tritt. Für diese Verfälschung der Motive des wirtschaftlichen Handelns, die gegenwärtig wie eine Seuche durch die ganze Welt geht und nur im Zusammenhang mit der allgemeinen Selbstbewegung des Nationalismus begriffen werden kann, kommt der Anreiz und die Lockung offenbar aus den weltpolitischen Vorgängen und Gedankengängen. Es wird dabei vergessen, dass Russland mit seinen beispiellosen Menschen- und Bodenschätzen und mit der schrankenlosen Unterwerfung aller Produktionsmittel unter den einheitlichen Staatswillen geopolitisch und seelisch eine einzigartige, nirgends sonst auf der Welt wiederholbare Position innehat und dass schon die Nachahmungen der staatskapitalistischen Autarkie etwa in Italien an der untrennbaren Verflechtung der italienischen Wirtschaft in der Weltwirtschaft kläglich gescheitert sind. Wenn also der Staat der nationalen Lebensgemeinschaft für das Ziel der nationalen Autarkie eintritt, so setzt sich die liberale Wirtschaftsgesinnung diesem ideologisch falsch orientierten Protektionismus mit aller nur denkbaren Entschiedenheit entgegen.

Aber es handelt sich in unserem Zusammenhang nicht um die wirtschaftliche Seite der liberalen Gesinnung, sondern um ihre geistige Tendenz. Was dem liberalen Staatsdenken die Annäherung an die autoritäre Herrschaftsgesinnung unmöglich macht, ist das Bedürfnis, in der Luft der geistigen Freiheit zu atmen. Die Wurzeln des deutschen Liberalismus gehen auf die idealistische Philosophie der großen deutschen Denker, *Kant, Fichte,* und *Humboldt,* zurück. *Wilhelm von Humboldt,* dessen „Nachtwächterstaat"[47] von den Gegnern viel

---

[47] Der Begriff „Nachtwächterstaat" ist in seinem Ursprung keine positive Selbstzuschreibung des Liberalismus, sondern politischer Kampfbegriff seiner Gegner. Er stammt aller Wahrscheinlichkeit nach von *Lassalle,* Arbeiterprogramm, 1863, 39: „[D]ie Bourgeoisie [faßt] den sittlichen Staatszweck so auf: er bestehe ausschließend und allein darin, die persönliche Freiheit des Einzelnen und sein Eigenthum zu schützen. Dies ist eine Nachtwächteridee, meine Herren, eine Nachtwächteridee deshalb, weil sie sich den Staat selbst nur unter dem Bilde eines Nachtwächters denken kann, dessen ganze Function darin besteht, Raub und Einbruch zu verhüten. Leider ist diese Nachtwächteridee nicht nur bei den eigentlichen Liberalen zu Haus, sondern selbst bei vielen angeblichen Demokraten, in Folge mangelnder Gedankenbildung, oft genug anzutreffen. Wollte die Bourgeoise consequent ihr

öfter zitiert als wirklich gelesen wird, hat das Grunddogma des rechtsstaatlichen Liberalismus klassisch formuliert: Die Gewissheit der gesetzmäßigen Freiheit.[48] Ein Blick nur auf das Trümmerfeld der rechtsstaatlichen Freiheitsgarantien in den autoritär regierten Ländern sollte jeden, für den der Gehorsam dem Staat gegenüber nicht weniger, aber auch nicht mehr ist als die freiwillige Unterwerfung unter die Gesamtheit, die Augen darüber öffnen, was zu verlieren und was dafür einzutauschen er im Begriff steht. Hier soll in der Tat das Rad der Geschichte um Jahrhunderte zurückgedreht werden und der Kampf des 19. Jahrhunderts um die bürgerlichen Rechtsgarantien wäre völlig vergeblich gewesen. Zu den liberalen Errungenschaften, um die es hier geht, gehört vor allem die Sicherung des Eigentums vor der Staatsallmacht, die Erhaltung einer auch dem Staat gegenüber unabhängigen Rechtspflege, die Kontrolle der öffentlichen Meinung gegenüber den Regierungsakten, kurz alles das, was uns als die bürgerlichen Freiheitsrechte zur Selbstverständlichkeit unseres Lebens-

letztes Wort aussprechen, so müßte sie gestehen, daß nach diesen ihren Gedanken, wenn es keine Räuber und Diebe gebe, der Staat überhaupt ganz überflüssig sei." In einer Fußnote führt *Lassalle* schärfer fort: „Diese Staatsidee, welche den Staat eigentlich ganz aufhebt und ihn in die bloße bürgerliche Gesellschaft der egoistischen Interessen umwandelt, ist die Staatsidee des Liberalismus und von ihm historisch produciert worden. Sie bildet bei der Macht, die sie nothwendig erlangt hat und die im directen Verhältniß mit ihrer Oberflächlichkeit steht, die wahrhafte Gefahr geistiger und sittlicher Versumpfung, die wahrhafte Gefahr einer ‚modernen Barbarei', welche heute besteht."
[48] *Humboldt*, in: ders. (Hrsg.), Gesammelte Werke: Band 7, 1852, 101: „*Sicher* nenne ich die Bürger in einem Staat, wenn sie in der Ausübung der ihnen zustehenden Rechte, dieselben mögen nun ihre Person, oder ihr Eigenthum betreffen, nicht durch fremde Eingriffe gestört werden; *Sicherheit* folglich – wenn der Ausdruck nicht zu kurz, und vielleicht dadurch undeutlich scheint, *Gewissheit der gesezmässigen Freiheit*." – *Humboldt* verstand Freiheit als Mittel zur Erreichung des Endzwecks menschlichen Daseins, ebd., 10: „Der wahre Zweck des Menschen, nicht der, welchen die wechselnde Neigung, sondern welchen die ewig unveränderliche Vernunft ihm vorschreibt – ist die höchste und proportionirlichste Bildung seiner Kräfte zu einem Ganzen. Zu dieser Bildung ist Freiheit die erste, und unerlässliche Bedingung."

raums geworden ist. Dem liberalen Geist graut es vor der Schematisierung der öffentlichen Meinung, welche für die Diktatur die eigentliche Voraussetzung ihrer Existenzbehauptung ist und sein muss.

Sobald Meinungsfreiheit und Versammlungsfreiheit aus einem Ventil der öffentlichen Meinung gegen den Staat zu einem Hebel des Staats gegen die öffentliche Meinung geworden sind, ist die rechtsstaatliche Kontrolle der Gewaltunterworfenen gegenüber dem Staat illusorisch, die geistige Freiheit der Kirchhofruhe der Diktatur gewichen. Damit soll nicht gesagt werden, dass nicht auch die Demokratie der Meinungsfreiheit gefährlich werden könnte; der Affenprozess in Tennessee[49] ist in dem angeblich freiesten Land der Welt vor sich gegangen; aber das Weltgewissen der öffentlichen Meinung hat dagegen einhellig rebelliert und damit den Betroffenen zum Märtyrer seiner Überzeugung gemacht.

Für den liberalen Menschen, dem die Sicherung der Eigentumsfreiheit vor der Staatsgewalt, dem, juristisch gesprochen Schutz vor willkürlicher Enteignung wesentlich ist, sind die Notverordnungen des letzten Jahres schlechthin unerträglich.

Es handelt sich nicht darum, dass nicht volles Verständnis für die Bedürfnisse des Staates und völlige Opferbereitschaft gefordert und anerkannt würde; aber es fragt sich, ob die dadurch erkauften Vorteile des Augenblicks nicht gering wiegen gegenüber den dauernden Schädigungen des Rechtsbewusstseins, gegenüber der Verwüstung

---

[49] In dem als Affenprozess bezeichneten Scopes-Prozess (The State of Tennessee v. John Thomas Scopes) aus dem Jahre 1925 wurde der Lehrer *John Thomas Scopes* von einem Criminal Court in Dayton, Tennessee zu einer Geldstrafe verurteilt, weil er an einer öffentlichen Schule *Charles Darwins* Evolutionstheorie unterrichtet und damit gegen ein kurz zuvor verabschiedetes Gesetz, den sogenannten Butler Act, verstoßen hatte. Das sich seinerzeit zu einem bundesweiten Medienereignis entwickelnde Gerichtsverfahren erhielt seinen Beinamen aufgrund der es dominierenden Frage, ob der Mensch vom Affen abstamme. Der Supreme Court of Tennessee hob das Urteil ein Jahr später wegen Formfehlern auf. Bis in die Gegenwart hinein wurde der Prozess immer wieder zum Gegenstand in Theater, Film und Fernsehen und gilt heute vielen als „America's Most Famous Trial". Zu den historischen Geschehnissen *Moran*, The Scopes Trial, 2002; zur Wirkungsgeschichte bis in die Gegenwart etwa *Lienesch*, In the Beginning, 2007 oder *Moore*, The Scopes "Monkey Trial", 2023.

der Rechtsmoral durch die Notverordnungen selbst. Nur derjenige, der nichts zu verlieren und alles zu gewinnen hat, kann das Trümmerfeld des Obligationenrechtes anders als mit tiefer Besorgnis vor sich sehen. Es ist ein gefährliches Spiel, die ewige Wirklichkeit des Satzes pacta sunt servanda für einen beschränkten Rechtskreis, wie es das Deutsche Reich ist, durch Eingriff von hoher Hand außer Geltung zu setzen; der Deutsche hat mit dem Fetzen Papier eines beschworenen Vertrages einmal die Weltmeinung gegen sich aufgebracht[50] und es fragt sich, ob es zweckmäßig ist, die elastische Praxis der Staatsmoral auf die straffere Anwendung der Privatmoral zu übertragen. Hier mündet die liberale Staatsgesinnung wiederum in die wirtschaftlichen Überlegungen: Der Liberalismus verteidigt Eigentum und Vertragsfreiheit gerade gegenüber dem Staat und selbst gegenüber dem Gesetzgeber, vor allem, wenn es ein Gesetzgeber ist, bei dem sich die Kontrollfunktionen des Staatsbürgers nur negativ darin auswirken, dass der Reichstag dem Antrag auf Aufhebung von Gesetzgebungsakten nicht zustimmt.

Der neue Liberalismus ist somit neben einer politischen Bewegung wieder in hohem Maße eine wirtschaftliche Strömung geworden: Der Schutz der Individualrechte nicht durch den Staat, sondern vor dem Staat. Das Gorgonenhaupt der Staatsallmacht lähmt auf die Dauer den individuellen Unternehmungsgeist. Hier hat auch die Staatsform der nationalen Lebensgemeinschaft keine andere Wahl als die zwischen Staatskapitalismus und Aufrechterhaltung der Einzelwirtschaft. Im 19. Jahrhundert war der Staat der Garant der Freiheitsrechte, jetzt ist er ihr Bedroher geworden.

---

[50] In einem Gespräch mit dem britischen Diplomaten *Edward Goschen* am Abend des 4. August 1914 – in den Morgenstunden des Tages hatte der deutsche Einmarsch in Belgien begonnen – bezeichnete Reichskanzler *Theobald von Bethmann-Hollweg* (1856–1921) den Londoner Vertrag vom 19. April 1839, mit dem die europäischen Großmächte die Souveränität Belgiens garantierten, als „Fetzen Papier" und warf Großbritannien vor, dass es „just for a scrap of paper" gegen Deutschland Krieg führen wolle.

IX. Freiheitsrechte und Staat

Für das liberale Staatsdenken gibt es einen Katalog der unantastbaren Freiheitsrechte, dessen Beobachtung oder Nichtbeobachtung das Kriterium für den freiheitlichen oder den autoritären Staat ist. Die grundlegenden Forderungen des liberalen Bewusstseins sind die Sicherheit des Eigentums und die Heiligkeit der Verträge, sind weiter der Begriff des Rechtsstaates: Die Verwirklichung der Staatszwecke hat in den Formen und unter Einhaltung der Grenzen des Rechts zu erfolgen. Hier erhebt sich sofort die bedeutsame Frage nach der Grenzziehung zwischen Naturrecht und staatlichem Recht. Mit dem Begriff des positiven Rechts allein ist hier nicht auszukommen; denn auch der Staat der Diktatur schafft positives Recht und auch seine Anordnungen sind staatliches Recht, sobald er einmal legitimer Inhaber des Rechterzeugungsmonopols geworden ist.[51] Hier liefern eben die historischen Errungenschaften des freiheitlichen Liberalismus und der erkämpften Demokratie die überpositiven Maßstäbe für die „Gerechtigkeit" oder „Ungerechtigkeit" der positiven Staatsrechtsformen.

Es gibt eine Reihe von freiheitlichen Institutionen, Rechtsbegriffen also, die das staatliche Zusammenleben freier Menschen ein für

---

[51] Ähnlich seinerzeit *Kelsen*, Allgemeine Staatslehre, 1925, 355: „Vollends sinnlos ist die Behauptung, daß in der Despotie keine Rechtsordnung bestehe, sondern Willkür des Despoten herrsche. Ganz abgesehen davon, daß die historischen Tatsachen das Gegenteil beweisen, daß alle uns bekannten, speziell auch die alt-orientalischen Despotien eine sehr differenzierte Rechtsordnung aufweisen, der Despot stets und überall als Gesetzgeber, als Rechtserzeuger, Rechtsautorität aufgetreten und als solcher in den Augen seiner Untertanen gegolten hat – wie wäre denn die Berufung auf den göttlichen Ursprung mit Rechtlosigkeit zu verbinden? – stellt doch auch der despotisch regierte Staat irgendeine Ordnung menschlichen Verhaltens dar, weil ja ohne eine solche Ordnung überhaupt kein Staat, ja überhaupt keine Gemeinschaft möglich, kein Mensch als Herrscher, König, Fürst qualifizierbar wäre. Diese Ordnung ist eben die Rechtsordnung. Ihr den Charakter des Rechts absprechen, ist nur eine naturrechtliche Naivität oder Überhebung." *Kelsens* rechtstheoretische Überlegungen zum Nationalsozialismus mit denen *Gustav Radbruchs* vergleichend *Aydin*, Gustav Radbruch, Hans Kelsen und der Nationalsozialismus, 2020.

allemal regeln, einen eisernen Bestand von freiheitlichen Normen, deren Existenz den Staat zum Rechtsstaat im Sinn der liberalen Dogmatik, deren Fehlen den Staat zur Diktatur werden lässt. Hierzu gehören, um nur die Wesentlichsten zu nennen, die Gewaltentrennung, d. h. die Unabhängigkeit des Richters gegenüber dem Gesetzgeber und die Trennung der Regierungssphäre von der Gesetzgebungssphäre. Dabei ist zu berücksichtigen, dass die klassische Gewaltenteilungslehre einem Bedeutungswandel unterworfen wurde, demzufolge heute das Schwergewicht der Gewaltenabgrenzung im Verhältnis des Gesetzgebers und des Richters und nicht mehr des Gesetzgebers und der Regierung liegt; die Gewaltentrennung ist ja gerade im parlamentarischen System von einer Verschmelzung der Gewaltengesetzgebung und Regierung abgelöst worden. Im Diktaturstaat ist stattdessen eine vollkommene Konzentration der Gewalten eingetreten, ebenso wie die Unabhängigkeit der Gerichte in dem Augenblick gefährdet ist, sobald Ernennung, Beförderung und Absetzung des Richters von anderen als fachlichen Erwägungen abhängig werden. Zu den Institutionen der freiheitlichen Regierung gehört weiter die Aufrechterhaltung der Selbstverwaltung, die im Diktaturstaat dem Prinzip der Verwaltungsvereinheitlichung geopfert wird. Im Zusammenhang damit steht die gerade für das deutsche Exempel wesentliche Überlegung, dass der Diktaturstaat zwangsläufig dem föderalistischen Element feindlich gesinnt sein muss; die Diktatur ist notwendig unitarisch. Es ist eine besondere Pikanterie der Notverordnungspraxis, dass sie das Tempo der Einheitsstaatswerdung in einer vorher unvorstellbaren Weise beschleunigt hat; auch hier haben die bundesrechtsstaatlichen Garantien sich als zu schwach erwiesen, um den Ländern das zu erhalten, was ihnen die Weimarer Verfassung zugewiesen hatte.

Diese freiheitlichen Institutionen als Grundkategorien des liberalen Staatsbewusstseins haben, wie kaum erwähnt zu werden braucht, mit dem von *Carl Schmitt* geprägten und angewendeten Begriff der institutionellen Garantie[52] nichts zu tun. Die institutionelle Garantie

---

[52] Den Begriff prägend *Schmitt* (Fn. 29, 1928), 170 ff.; entfaltet in *Schmitt*, Freiheitsrechte und institutionelle Garantien der Reichsverfassung, 1931. In seiner Habilitationsschrift setzt sich *Loewenstein* (Fn. 29), 288 ff. mit *Schmitts* Überlegungen näher auseinander und macht sie insofern fruchtbar, als dass

Schmitts will, soweit sie dem Rahmen der Weimarer Verfassung unterstellt wird, zur Erhaltung des Rechtsstaates, als rechtsstaatliche Garantie somit dienen. In Wirklichkeit ist sie ein überaus kluger Versuch zur Aushöhlung der rechtsstaatlichen Sicherheiten im Interesse einer jedem Inhaber der Staatsgewalt zugute kommenden staatspolitischen Opportunität. Sie relativiert die rechtsstaatliche Sicherheit, wie an dem zunächst konkretisierten Beispiel des Berufsbeamtentums ersichtlich wird. Der liberale Staatsdenker wird hier ein principiis obsta entgegensetzen müssen.

Die deutsche Staatsrechtswissenschaft hat in seltener Einmütigkeit gegen die Emeritierungsbestimmungen der preußischen Notverordnung vom 12. September 1931[53] Front gemacht, wie ja überhaupt ihr rechtliches Bewusstsein stark genug war, die gefährliche Lehre *Schmitts* von der institutionellen Garantie wenigstens für das Beamtenrecht abzulehnen.[54] Es ist aber für die Beurteilung ihrer geistigen

---

er die institutionellen Garantien als ein Beispiel für durchbrechungsimmune Verfassungsbestimmungen anführt. Zu Ursprüngen, Entwicklungslinien und Gegenwart der dogmatischen Figur *Mager*, Einrichtungsgarantien, 2003.

[53] Die „Verordnung zur Durchführung der Verordnung des Reichspräsidenten vom 24. August 1931 (RGBl. I S. 453) und des § 7 Abs. 2 im Kapitel I des Zweiten Teiles der Verordnung des Reichspräsidenten vom 5. Juni 1931" vom 12. September 1931, abgedruckt in Preußische Gesetzsammlung 1931, 179 ff. stand ganz im Zeichen der Haushaltssicherung und sah starke finanzielle Kürzungen für Beamte vor. Auch die Hochschullehrer waren von der Verordnung betroffen. Sie wurden mit dem auf die Vollendung des 68. Lebensjahres zunächst folgenden 1. April oder 1. Oktober nun nicht mehr nur kraft Gesetzes entpflichtet, wie es zuvor der Fall gewesen war, sondern vollständig in den Ruhestand versetzt. Zudem fand nun das für die unmittelbaren Staatsbeamten jeweils geltende Versorgungsrecht Anwendung, und die Bezüge wurden um 10 vom Hundert gekürzt.

[54] Auf Art. 129 Abs. 1 S. 3 WRV („Die wohlerworbenen Rechte der Beamten sind unverletzlich.") bezugnehmend argumentierte *Schmitt* im Rahmen seiner „Lehre von der institutionellen Garantie dahin, daß wohl der Anspruch auf standesgemäßen Unterhalt und der inhaltlich variable Anspruch auf die jeweiligen besoldungsgesetzlichen Bezüge, nicht aber der Anspruch auf Unterlassung ungünstiger Änderungen des Besoldungsgesetzes wohlerworbenes Recht ist", *Schmitt*, in: Verfassungsrechtliche Aufsätze aus den Jahren 1924–1954: Materialien zu einer Verfassungslehre, ⁴2003, 175. Die herrschende Meinung innerhalb der Staatsrechtslehre erblickte in der Verfas-

Gesamthaltung verhängnisvoll, dass sie hier gerade in dem Bestehen einer für Art. 48 unantastbaren Verfassungsbestimmung ihren Rückhalt findet, sodass sie andererseits bei den viel tieferen Eingriffen in das Obligationenrecht ihr rechtliches Gewissen damit beschwichtigen konnte, dass hier dank dem Vorbehalt des Gesetzes keine eigentliche Verfassungsverletzung vorgenommen wurde. In der Zeit der Göttinger Sieben[55] hätte man vielleicht anders geurteilt. Andererseits ist es den Richtern des Reichsgerichts, die selbst Beamte sind, als hohe moralische Selbstentäußerung anzurechnen, dass sie die Reichsregierung gedeckt haben. Wer mitten im Rechtsleben des Alltags steht, weiß, dass die Verbiegungen des Obligationenrechts ein wucherndes Misstrauen des Volkes in die wohlgegründete feste Ordnung seiner Lebensumstände eingeführt hat; der Schaden, der dem Rechtsverkehr mit der Labilität der Vertragssicherheit angerichtet wurde, ist unabsehbar; über diese Verluste an moralischer Geltung des positiven Rechts hilft keine noch so berechtigte Staatsnotrechtserwägung hinweg. Nur eine Nation kann sich solche Experimente leisten, die entschlossen ist, alle Brücken des Weltverkehrs hinter sich abzubrechen und damit aus der vielbeklagten Not der Isolierung des deutschen Rechtsdenkens die Tugend eines nationalen Rechts der Vertragsunsicherheit zu machen.

Damit ist eine der Haupteinwendungen angeschnitten, die dem liberalistischen Staatsdenken entgegengehalten werden: seine negative Einstellung zum Staatsnotrecht überhaupt. Der liberale Staatsdenker verwirft das Staatsnotrecht keineswegs, wenn es um die Existenz des Staates geht. Aber er verlangt die rechtsstaatliche Organisa-

---

sungsnorm hingegen einen gegenüber der Gesetzgebung unbedingt gewährleisteten und ziffernmäßig bestimmten Gehaltsbezug, der nur steigen, aber nicht sinken darf. Dazu mit weiteren Nachweisen *Anschütz*, Die Verfassung des Deutschen Reichs vom 11. August 1919, ¹⁴1933, 593 f.

[55] Gemeint ist die Vormärzepoche (1830–1848). Die Göttinger Sieben (*Wilhelm Eduard Alberecht, Friedrich Christoph Dahlmann, Heinrich Ewald, Georg Gottfried Gervinus, Jacob* und *Wilhelm Grimm* sowie *Wilhelm Eduard Weber*) waren eine Gruppe von sieben Professoren der Georg-August-Universität Göttingen, die 1837 gegen die Aufhebung der vier Jahre zuvor erlassenen freiheitlichen Verfassung protestierten. Ihr Protestbrief kostete sie ihr Amt, drei von ihnen wurden des Landes verwiesen.

tion auch des Staatsnotstandsrechts, es darf nicht die Funktionenordnung und Kompetenzenzuweisung des Staates willkürlich über den Haufen geworfen werden.

Es ist nicht, wie *Koellreutter*[56] gegen *Kelsen*[57] meint, vom radikalen Liberalismus schlechthin als verfassungswidrig zu verwerfen. Aber er

---

[56] *Koellreutter* (Fn. 8), Sp. 40 (*). Dort heißt es: „Für ein liberalistisches Staatsdenken, dessen Ausgangspunkt in der politischen und rechtlichen Souveränität des einzelnen liegt, für das der Staat konsequenterweise nur eine Ordnungs- und Sicherheitsapparatur bedeutet, fehlt die Basis, ein Staatsnotrecht als solches anzuerkennen. So lehnt Kelsen es auch konsequent ab. Für ihn handelt es sich dabei ‚natürlich nur um ein politisch-naturrechtliches Räsonnement, das sich – wie gewöhnlich – als positives Recht zu geben versucht. Hinter der Versicherung, daß der Staat ‚leben' müsse, verbirgt sich meist nur der rücksichtslose Wille, daß der Staat so leben müsse, wie es die für richtig halten, die sich der Rechtfertigung des ‚Staatsnotrechts' bedienen.' Das ist das, was der radikale Liberalismus Kelsens, dessen rechtsphilosophischer Ausdruck seine ‚reine Rechtslehre' ist, zu dem Problem zu sagen hat, das heute die brennendste Frage der Gestaltung unserer Staats- und Rechtswirklichkeit in sich birgt. Kelsen müßte dann auch konsequenterweise die ganze jetzige Handhabung des Notverordnungsrechts als verfassungswidrig ablehnen." *Koellreuter* verweist hier auf *Kelsen* (Fn. 51), 157.

[57] Zu einem ersten Kontakt zwischen *Loewenstein* und *Kelsen* kam es (spätestens), als *Loewenstein Kelsen* 1922 einen Sonderdruck seines Aufsatzes „Das Problem des Föderalismus in Grossbritannien" übersandte, Karl Loewenstein Papers, Box 28, Folder 25, Archiv des Amherst College. Spätestens auf der Tagung der Vereinigung der Deutschen Staatsrechtslehrer 1931 dürfte der frisch in die Vereinigung aufgenommene *Loewenstein* das Vorstandsmitglied *Kelsen* persönlich kennengelernt haben. Ein Schriftwechsel zwischen den beiden vertriebenen und nach 1945 nicht remigrierten Staatsrechtslehrern ist dokumentiert für den Zeitraum von 1935 bis 1967, Karl Loewenstein Papers, Box 50, Folder 137, Archiv des Amherst College. In einem Brief von Hans Kelsen an Karl Loewenstein vom 30. Oktober 1946 heißt es ebd.: „Ich teile Ihren Pessimismus in bezug auf die Chancen einer Denazifizierung der deutschen Hochschule. An dem Tag, an dem die militärische Besetzung Deutschlands beendet ist, wird alles wieder so sein wie es immer und insbesondere in der Weimarer Republik war. Vielleicht sogar noch ärger. Dass Sie alle Berufungen nach Deutschland abgelehnt haben, war durchaus richtig. Auch ich habe Anfragen, ob ich nach Köln oder Wien zurückkommen möchte, negativ beantwortet. Ich glaube, dass wir dort nicht einmal unseres Leben sicher wären."

kann nicht zugeben, dass, wie man es dialektisch zu formulieren gewusst hat, die Verfassung beliebig gebrochen werden dürfe, um die Verfassung zu retten. Vom Standpunkt einer Verfassungsordnung aus ist die Anerkennung eines Staatsnotrechts logisch ihr Gegenteil; denn die Verfassungsordnung rechnet eben damit, dass es die das Staatsnotrecht erst auslösende und bedingende Verfassungsunordnung nicht gibt. Es ist charakteristisch, dass in keiner der großen demokratischen Staatsverfassungen – ebenso wenig in den typischen Verfassungen der konstitutionellen Monarchie – ein Staatsnotrecht aufgenommen wurde, das über die vorübergehenden technischen Behelfe des Belagerungszustandes hinausging. Für den Liberalismus und auch für die Demokratie, die ja ihr ganzes Vertrauen in den sich selbst beherrschenden Volkswillen setzen, muss ein Staatsnotrecht notwendig als ein Verstoß gegen die Logik des eigenen Denkens gelten. Man stellt auch nicht eine Kerze neben jede Glühlampe, weil einmal Kurzschluss eintreten kann; man verlässt sich eben darauf, dass es der Technik gelingen wird, den Kurzschluss zu beheben und es ist noch allemal gelungen, ohne dass es jemand eingefallen wäre, das elektrische Licht überhaupt abzuschaffen und zum Talglicht zurückzukehren. Hier setzt für den liberalen Staatsdenker wieder jene vielgescholtene staatstechnische Mentalität ein, die es ihm verbietet, aus einer augenblicklichen Funktionsstörung eine Verwerfung des ganzen Systems abzuleiten. Auch im Parlamentarismus ist durch die Berührung mit den Gegenströmen des staatsfeindlichen Radikalismus ein Kurzschluss der Verfassungsdynamik eingetreten. Statt die Verfassung als solche damit zu belasten, sollte man lieber daran gehen, die Fehlerquellen für den Kurzschluss zu entdecken und zu beseitigen. So ist das Staatsnotrecht in Wahrheit eine Not des Staatsrechts geworden.

Damit ist die Berechtigung des jetzigen Notverordnungsrechts selbst allerdings in Frage gestellt. Wenn ein Notverordnungsrecht fehlt, weil der Verfassungsgesetzgeber von Weimar es zu schaffen absichtlich unterlassen hat, so muss diese Lücke mit den von der Verfassungsordnung gegebenen Mitteln solange auszufüllen versucht werden, bis diese Mittel tatsächlich erschöpft sind. Das ist bisher nicht geschehen. Es geht nicht an, den Reichspräsidenten in die Bresche zu stellen und die Verfassung so umzudeuten, als ob er nie etwas anderes gewesen ist als ein deus ex machina oder, klarer, der staatsrechtliche Lückenbüßer.

Es ist schon fraglich, ob alle parlamentstechnischen Mittel versucht wurden. Sicher ist, dass ein Volksentscheid über die Verfassungsergänzung, die das Notverordnungsrecht in die Verfassungsurkunde einfügt, nicht einmal erwogen, geschweige denn versucht wurde; er wäre auch parteipolitisch keineswegs von vorneherein aussichtslos gewesen, weil die radikalen Parteien dadurch in die Lage versetzt worden wären, den von ihnen selbst benötigten verfassungsrechtlichen Behelf vorzufinden, wenn der politische Umschwung ihnen den Staatsapparat in die Hände spielt. Zugegeben: Artikel 76 Abs. 1 S. 4[58] sieht ein Verfahren vor, dessen Gelingen fraglich ist. Aber wäre es misslungen, dann hätte die Reichsregierung jedenfalls für sich in Anspruch nehmen können, sie habe alles getan, wie das Gesetz es befahl. Dem so geschaffenen Notverordnungsrecht hätte sich auch das rechtsstaatliche Gefühl gebeugt, weil die Verfassung die Mehrheit der Stimmberechtigten erfordert und das Majoritätsprinzip, ein liberales Dogma, entweder ehrlich gesiegt oder ehrlich unterlegen wäre. Die jetzige Notverordnungspraxis wird von dem liberalen Bewusstsein nur geduldet, nicht gebilligt und die tiefe Verstimmung des feinsten Instrumentes, des Rechtsgefühls, wird auch dadurch nicht beseitigt, dass die letzten Notverordnungen die Grenzen der Verfassung vorsichtiger umgehen als manche ihrer grob zupackenden Vorgänger. Dass auch das legale Notverordnungsrecht nicht mit offenem Herzen gutgeheißen wird, wird man dem nicht verdenken dürfen, der Freiheit und Eigentum durch den „Vorbehalt des Gesetzes" der Ministerialbürokratie schrankenlos überantwortet sieht, wie dies bei der Auslegung des Art. 48 durch die Obersten Gerichte nun einmal rechtens geworden ist.[59]

---

[58] Art. 76 Abs. 1 S. 4 Weimarer Reichsverfassung (WRV) lautet: „Soll auf Volksbegehren durch Volksentscheid eine Verfassungsänderung beschlossen werden, so ist die Zustimmung der Mehrheit der Stimmberechtigten erforderlich."
[59] Auf Art. 48 Abs. 2 WRV stützte die Verfassungspraxis das Notverordnungsrecht des Reichspräsidenten. Darin hieß es: „Der Reichspräsident kann, wenn im Deutschen Reich die öffentliche Sicherheit und Ordnung er-

Die Schwächung und Trübung des rechtsstaatlichen Bewusstseins birgt eine große Gefahr in sich: sie erleichtert den Verfassungswechsel, sie bildet geradezu die Schlittenbahn, auf der die Diktatur bei ihrem Start in die Gewässer der Legalität gleiten kann. Die Praxis des Art. 48 dient also dazu, von der Diktatur das Odium des unverhüllten Staatsstreiches fernzuhalten. Man vergleiche die blutigen Gewalttaten der bolschewistischen Revolution mit den legalen fast unmerklichen Ruckungen, mit denen die Albertinische Verfassung[60] in Italien von der Staatsverfassung des faschistischen Parteistatus abgelöst wurde. In Deutschland ist die bisherige Handhabung des Art. 48 präjudiziell genug, um der Diktatur ein legales Entrée und eine legale Regierungsführung zu ermöglichen.[61] Man vergesse nicht, dass die

---

heblich gestört oder gefährdet wird, die zur Wiederherstellung der öffentlichen Sicherheit und Ordnung nötigen Maßnahmen treffen, erforderlichenfalls mit Hilfe der bewaffneten Macht einschreiten. Zu diesem Zwecke darf er vorübergehend die in den Artikeln 114, 115, 117, 118, 123, 124 und 153 festgesetzten Grundrechte ganz oder zum Teil außer Kraft setzen." Zur Auslegung des Art. 48 WRV durch den Staatsgerichtshof unter Rückgriff auf die Rechtsprechung des Reichsgerichts in Strafsachen *Joël*, Archiv des öffentlichen Rechts 77 (1951/52), 129, 156 ff. In Zivilsachen ergingen Entscheidungen zu Art. 48 erst ab Juli 1932, siehe Nachschlagewerk des Reichsgerichts – Gesetzgebung des Deutschen Reichs, 2007, 41 ff.

[60] Das Statuto Albertino war die im Jahre 1848 von König *Karl Albert* (insofern namensgebend) oktroyierte Verfassung des Königreichs Sardinien-Piemont, die ab 1861 als Verfassung des Königreichs Italien fungierte. Während der faschistischen Zeit blieb sie, wenngleich faktisch aus den Angeln gehoben, de jure in Kraft, ehe sie am 1. Januar 1948 durch die Verfassung der Italienischen Republik abgelöst wurde.

[61] Diese Einschätzung erahnt nahezu prophetisch die wenig später tatsächlich angewandte Methode der nationalsozialistischen Machterlangung und -konsolidierung. An der sie begleitenden, legitimitätsspendenden Kontinuitätserzählung, für die *Heinrich Triepel* mit der Wendung von der „legalen Revolution" das Schlagwort vorgab, beteiligten sich zahlreiche Staatsrechtslehrer. Die im Deutschen Reich ansässigen Fachkollegen kamen, wenngleich der argumentative Weg höchst unterschiedlich ausfiel, einhellig zu dem Ergebnis, dass der Umschwung des Jahres 1933 in den Bahnen der Legalität ablief. Dazu *Dannemann*, in: Böckenförde (Hrsg.), Staatsrecht und Staatsrechtslehre im Dritten Reich, 1985 sowie *Dreier*, VVDStRL 60 (2001), 9, 20 ff. Wohltuend kritische Beiträge erschienen aus einer mit dem öffentlichen Recht vertrauten Feder nur jenseits der Landesgrenzen: in der Schweiz

Rezepte der Diktatur nicht erst in mühsamen, an Rückschlägen reichen Experimenten hergestellt werden müssen, sondern dass sie fertig zum Gebrauch in den Schubläden der politischen Apotheken bereitliegen. Wie man das Giftgaskochbuch eines geschäftstüchtigen Hamburger Unternehmers zum täglichen Gebrauch kaufen konnte, so ist auch die Technik des Staatsstreichs an Hand der reichen Erfahrungen unserer Zeit aus der Feder eines italienischen Professionellen in Jedermanns Bücherei aufgenommen worden.[62] Man plaudert daher keine Geheimnisse aus, wenn man die Etappen des Staatsstreichs aufzählt: Aufhebung der Pressefreiheit: Es gibt als politische Meinungsäußerungen nur mehr die amtlichen Verlautbarungen der Regierung. Beraubt man die Parteien ihrer Sprechorgane, so verstummen sie von selbst. Was konnte die schwache Voce Republicana[63] in Italien gegen den stimmgewaltigen Chor der großen faschistischen Presse ausrichten? Tritt hierzu noch das Parteibuchmonopol, die Abhängigkeit der Arbeitnehmer und Lohnempfänger vom Großunternehmer und Großlohnherr Staat, die unendlich mannigfaltige Ausnutzung der wirtschaftlichen Abhängigkeit zur Unterdrückung oppositioneller Gesinnung, so ist die Diktatur stabilisiert und jener gerade von der liberalen Staatslehre gebilligte Zustand geschaffen, dass die erfolgreiche Revolution neues Recht ist. Art. 48 hat den Boden

---

von *A. W.* alias *Nawiasky*, Schweizerische Rundschau 33 (1933/34), 891 und in Prag von *Hartmann*, Prager JZ 13 (1933), 407. Beide stellten sich entschieden gegen das Legalitätsnarrativ. Die Debatte um die „legale Revolution" endete vergleichsweise rasch, vertrat man doch schon bald die Auffassung, der NS-Staat gewinne seine Legitimität aus sich selbst heraus.

[62] Hier spielt *Loewenstein* auf die 1931 erschienene Abhandlung „Tecnica del colpo di Stato" von *Curzio Malaparte* (1898–1957) an. *Curzio Malaparte*, eigentlich *Curt Erich Suckert*, Sohn eines deutschen Vaters, war ein profaschistischer italienischer Schriftsteller und Publizist. Eine deutsche Übersetzung des Werkes erfolgte ein Jahr später: *Malaparte*, Der Staatsstreich, 1932. Das letzte Kapitel trägt den Titel: „Ein Diktator, der es nicht wird: Hitler". Zu Leben und Werk *Hope*, Curzio Malaparte, 2000 sowie die Beiträge in Liesegang (Hrsg.), Curzio Malaparte, 2011.

[63] La Voce Repubblicana war von 1921 bis 2013 die Tageszeitung der Partito Repubblicano Italiano, einer liberalen Kleinpartei, die unter dem faschistischen Regime verboten wurde. Mit *Giovanni Spadolini* (1925–1994) stellte die Partei von Juni 1981 bis Dezember 1982 den Ministerpräsidenten Italiens. Heute spielt sie nur noch vereinzelt in Kommunen eine Rolle.

der Tatsachen in Deutschland so eben gewalzt, dass niemand stolpern wird, der sich auf ihn stellen will. Dann ist jene „eisige Polarnacht der Reaktion" wirklich angebrochen, von der der große Prophet und Realist *Max Weber* schon anno 1919, den Überschwang der neuen Zeit mit den wissenden Augen des Historikers betrachtend, gesprochen hat.[64]

Fast wie ein Witz des Schicksals, vielleicht aber auch wie die Tragik der Bewegung selbst, mutet es an, dass der Nationalsozialismus heute legaler und damit liberaler ist als der von ihm eingesargte Liberalismus es je zu seinen Lebzeiten war. Als ein Beispiel mag an die Ablehnung der parlamentarischen Verlängerung der Amtsdauer des Reichspräsidenten hingewiesen werden, welche von der nationalsozialistischen Partei mit dem Argument der Verfassungswidrigkeit der geplanten Methode durchaus zutreffend begründet wurde.[65] Die Absicht für die Machtübernahme von den berühmten 51 % abhängig zu machen, ist eine unbewusste Huldigung vor dem liberalistischen Majoritätsprinzip selbst, deren Bedeutung für die radikale Bewegung vielleicht in der Erkenntnis liegen wird: „Qui mange du liberalisme,

---

[64] Entstammt *Weber*, Politik als Beruf, 1919, 66: „Nicht das Blühen des Sommers liegt vor uns, sondern zunächst eine Polarnacht von eisiger Finsternis und Härte, mag äußerlich jetzt siegen welche Gruppe auch immer."

[65] Im Vorfeld der Reichspräsidentenwahl 1932 versuchte Reichskanzler *Brüning*, mit Hilfe eines verfassungsändernden Gesetzes die auslaufende Amtsperiode *von Hindenburgs* zu verlängern, um so die unkalkulierbaren Risiken bei einer Wahl des Reichspräsidenten durch das Volk zu umgehen. Für dieses Vorhaben bedurfte es einer Zweidrittelmehrheit im Parlament, die nur mit den Stimmen der NSDAP und DNVP zu erreichen war. *Hitler* und DNVP-Chef *Hugenberg* lehnten jedoch ab. In einer dem Reichspräsidenten überreichten Denkschrift, die am 19. Januar 1932 im Völkischen Beobachter veröffentlicht wurde, legt *Hitler* seine verfassungsrechtlichen und politischen Bedenken eingehend nieder. Die Denkschrift findet sich vollständig abgedruckt bei *Poetzsch-Heffter*, Jahrbuch des öffentlichen Rechts 21 (1933/1934), 1, 102 ff. Gleiches gilt für das Antwortschreiben *Brünings* vom 23. Januar 1932 (veröffentlicht in der Frankfurter Zeitung vom 24. Januar 1932) sowie die erneute Replik *Hitlers* vom 25. Januar 1932 (veröffentlicht im Völkischen Beobachter vom 29. Januar 1932).

en meurt."⁶⁶ Es ist unverständlich, dass eine grundsätzlich revolutionäre Bewegung auf ihr bestes Argument, eben die Revolution, zugunsten eines abgestandenen liberalen Dogmas Verzicht leisten sollte. Hier muss ein Rechenfehler liegen: 51 % sind nicht 67 % oder, um mit Art. 76 Abs. 1 S. 4 zu reden: 51 % der Wähler sind nicht 51 % der Stimmberechtigten, die an einer Verfassungsänderung sich beteiligen müssen. Das revolutionäre Kalkül kann also gar nicht aus der Rechnung fortgelassen werden, soll das Rechenexempel der legalen Machtübernahme durch die Partei bestehen bleiben. Und hier taucht wieder der Pferdefuß des Art. 48 auf, der es der einfachen Mehrheit, den 51 % der Wähler ermöglicht, sich ohne Verfassungsbruch als Dreiviertelmehrheit zu gerieren. Logisch zu Ende gedacht erweist sich also das Staatsnotrecht der nationalen Lebensgemeinschaft als der Zellkern der kommenden verfassungsrechtlichen Unordnung und das liberalistische Rechtsbewusstsein wäre von allen guten Geistern verlassen, wollte es sich durch die Beobachtung der Verfassungsschranken in der Notverordnungspraxis darüber täuschen lassen, dass hier bereits die Brücke zum Dritten oder Vierten Reich mit breiter Wölbung sich spannt.

X. Die Forderung des Tages

Welches ist nun die Forderung des Tages für das liberale Staatsbewusstsein? Noch immer gibt es in Deutschland Menschen, denen die Selbstverantwortung keine Last ist, denen die autoritäre Herrschaft als solche mit der Würde des selbstbewussten Individuums unvereinbar erscheint. Noch immer gibt es Menschen in Deutschland, die politische Vernunft der politischen Romantik vorziehen, für die der Ausleseprozess der demokratischen Staatsorganisation, mag er noch

---

⁶⁶ Lässt sich übersetzen mit: „Wer isst, was vom Liberalismus kommt, stirbt daran." Angelehnt ist der von *Loewenstein* gewählte Ausdruck an das französische Sprichwort „Qui mange du pape, en meurt", mit dem Zeitgenossen auf Papst *Alexander VI.* (*Rodrigo Borgia*, 1431–1503) anspielten, der Kontrahenten um die Macht und andere missliebige Personen bei Gastmahlen vergiftet und so ermordet haben soll.

so unvollkommen sein, den Vorzug verdient vor der Zufälligkeit einer massegeborenen Führerschaft und Führerschicht, die von den unkontrollierbaren Strömungen der Partei an die Spitze getragen wird. Das liberale Staatsdenken hält daher an der demokratischen Staatsgestaltung nicht nur aus idealer Überzeugung, sondern vor allem aus praktischer Vernunft fest. Die Beispiele der anderen Staaten, die ja gleichfalls von der Krise erschüttert werden, verstärken diese Überzeugung. England, Frankreich, Holland, die nordischen Länder, Amerika und die Schweiz, das aus der Diktatur erwachte Spanien und selbst das kleine Österreich haben mit Hilfe des parlamentarischen-demokratischen Systems bisher ihren Staatsbetrieb aufrechterhalten und für alle Schwierigkeiten letztlich immer noch eine Lösung gefunden. Daraus erwächst auch für den deutschen Zeitgenossen die Gewissheit, dass das demokratische-parlamentarische System, mit Vernunft gehandhabt, auch vernunftgemäße Lösungen erwarten lässt.

Unverkennbar ist dabei die Wichtigkeit der staatstechnischen Verbesserungen, welchen die neue Richtung der Staatsrechtslehre so geringes Verständnis entgegenbringt. Gerade das liberale Staatsdenken wird hier radikale Operationen am Verfassungsorganismus gutheißen, wie die Abschaffung des als untauglich erkannten Proporzes,[67] die Einführung eines gesetzlich kontrollierten Notverordnungsrechts, gegebenenfalls auch die Stärkung der Präsidialrechte. All diese Konzessionen an die in Krisenzeiten unumgängliche Konvention der Regierungsführung sind erträglich, solange noch die Möglichkeit der

---

[67] Die Frage Verhältnis- oder Mehrheitswahlrecht war in der Wissenschaftsgemeinschaft des Öffentlichen Rechts keine, deren Beantwortung die politische Grundorientierung des jeweiligen Wissenschaftlers vorbestimmte. Innerhalb der demokratischen Gruppe lag etwa der für die Verhältniswahl plädierende *Kelsen*, Vom Wesen und Wert der Demokratie, ²1929, 58 ff. über Kreuz mit *Arnold Brecht* (1884–1977), der sie zunächst bekämpfte (vgl. der Aufsatz „Die Wahlreform" von 1924, wieder abgedruckt in *Brecht*, Aus nächster Nähe, 1966, 511 f.) und später in ihr einen von drei im Verfassungsrecht liegenden Gründen für den Niedergang der Weimarer Republik sah, *Brecht*, Social Research 1 (1934), 265, 279 ff. Die Hürden für die Abschaffung der Verhältniswahl lagen hoch, sie genoss Verfassungsrang. Art. 22 Abs. 1 S. 1 WRV lautete: „Die Abgeordneten werden in allgemeiner, gleicher, unmittelbarer und geheimer Wahl von den über zwanzig Jahre alten Männern und Frauen nach den Grundsätzen der Verhältniswahl gewählt."

wirksamen Volkskontrolle gegeben ist. Die Reform muss aber auch von unten einsetzen: Es ist unerträglich, dass die Anonymität der Führerauslese innerhalb der Partei durch die Anonymität der Kandidatenauslese für die Parteistellungen ergänzt wird und man muss die amerikanischen und englischen Erfahrungen für eine Legalisierung der Partei mit Entschlossenheit nutzbar machen. Um die politische Unehrlichkeit, um mit *Gerland* zu reden,[68] zu bekämpfen, sollte nur einmal der Versuch gemacht werden, die Finanzgebarung der Parteien offenzulegen, ihre Wahl- und Agitationskosten gesetzlich zu beschränken; es ist sonderbar, dass sich der sonst so findige Fiskus die Partei als dankbares Steuerobjekt bisher hat entgehen lassen. Es gilt also für den Liberalismus, dass er sich nicht auf ein kritisches Raisonnement beschränkt und dass er sich frei macht von dem höhnischen: Hier stehe ich, Gott helfe mir, ich kann auch anders. Er muss ein positives Programm aufstellen, in der vollen Erkenntnis, dass es an Zugkraft hinter den chiliastischen Verheißungen der politischen Romantiker zurückbleiben muss. Das politische Programm geistig zu unterbauen, ist gerade für den Liberalismus einfach genug. Die große Formel bietet sich von selbst: Sie ist bereits an den Anfang gestellt worden: Liberalismus kommt von libertas, libertas heißt Freiheit. Man soll vom Gegner lernen und ohne Scheu große Worte und große Begriffe in den Tageskampf tragen, wenn sie dazu dienen, einer Bewegung Schwungkraft in der Öffentlichkeit zu verleihen.

Was das Wirtschaftsprogramm anbelangt, so sind auch hier Ausgangspunkte und Ziel für das liberale Staatsdenken ohne Weiteres gegeben. Kein Einsichtiger wird der Bedrängnis aus der gegenwärtigen Krise gegenüber so wenig Distanz haben, dass er die Zuckungen einer von Krieg, Revolution, Inflation geschüttelten Wirtschaft mit

---

[68] *Heinrich Gerland* (1874–1944) war ein liberaler Politiker (DDP, DVP), zeitweilig Mitglied des Reichstages und ein an der Universität Jena wirkender Strafrechtswissenschaftler. *Loewenstein* spielt hier auf dessen Schrift *Gerland*, Der Rechtsschutz gegen politische Unehrlichkeit, 1931 an, in der der Autor verschiedene Formen der politischen Unehrlichkeit aus strafrechtlicher Perspektive systematisch aufbereitet, beleuchtet und zugleich das politisch-parlamentarische Fehlverhalten einiger Amts- und Mandatsträger entschieden anprangert. Zu *Gerland* näher *Lingelbach*, in: Kern/Wadle/Schroeder/Katzenmeier (Hrsg.), HUMANIORA Medizin – Recht – Geschichte, 2006.

dem Ende der kapitalistischen Gesellschaftsordnung verwechselt. Solchen Mangel an Augenmaß bringen nur historische Dilettanten auf. Nicht einmal in Russland ist das kapitalistische Wirtschaftssystem von einer neuen Wirtschaftsform abgelöst worden; im Gegenteil, der Staat hat den Kapitalismus durch Übernahme seiner Produktions- und Verteilungsbefugnisse erst voll entfaltet. Um eine Wirtschaftsordnung zu beseitigen oder zu vollenden, bedarf es, lehrt die Geschichte, grundstürzender naturwissenschaftlicher Veränderungen, die Erfindung des Pulvers warf den Feudalismus über den Haufen, die Dampfmaschine stand am Anfang der jetzigen Entwicklung des Kapitalismus, die Elektrizität trieb ihn weiter, nichts lässt darauf schließen, dass die gegenwärtigen Funktionsstörungen der kapitalistischen Ordnung auf ihre versagende Lebenskraft zurückzuführen sind. Nicht die Apparatur wandelt sich, sondern nur die Bedienungsmannschaft wechselt. Auch der Staatskapitalismus ist Kapitalismus. Damit hat sich aber die Aufgabe der liberalen Wirtschaftsgesinnung gewandelt; der Liberalismus nimmt die kapitalistische Wirtschaftsform als ein Faktum an, ohne Liebe oder Hass, jedoch mit dem Zwang, sich den Anforderungen der kapitalistischen Konzentration im zum Wohlfahrtstaat erwachsenen Staate anzupassen. Die wirtschaftspolitischen Ziele des Liberalismus können daher gegenüber der Faktizität der Wirklichkeit nicht mehr die Freiheit des Individuums im Staat sein, wie es der herrschende Zug der liberalen Wirtschaftsethik des 19. Jahrhunderts war, sondern die Aufgabe ist jetzt die Wahrung der notwendigen Freiheitssphäre des Individuums gegen den Staat. Noch hat das Unternehmertum diese Wendung nicht begriffen, weil es seine Phalanx gegen die Lohnempfänger zusammengeschlossen hat und in der Beherrschung des Staatsapparats ein Mittel zum Sieg über die Arbeiterschaft sieht. Aber über kurz oder lang wird die Unternehmerschaft mit gewendeter Front kämpfen müssen, will sie nicht vom Leviathan Staat ganz verschlungen werden. Vermutlich wird die antistaatliche Wendung des Kapitalismus nicht unter dem Namen des Liberalismus erfolgen, weil mit dem wirtschaftlichen Begriff des Liberalismus ein anderer Sinn verbunden wird als mit dem politischen; aber der Kampf muss im Zeichen des Liberalismus geführt werden und es bedarf keiner Prophetengabe, um vorauszusehen, dass die liberale Wirtschaftsdoktrin des 19. Jahrhunderts in Bälde wieder zu voller Aktualität erwachsen wird.

Aber diese wirtschaftlichen Erwägungen interessieren hier erst in zweiter Linie. Wichtiger ist die Aufgabe des Liberalismus in der Sphäre des Rechtlichen, des Politischen, dessen Ausdruck das Verfassungsrecht ist. Hier geht es in der Auseinandersetzung zwischen Rechtsstaat und Machtstaat um nicht weniger als um den Sinn des menschlichen Daseins, um die Würde der Menschheit, um Freiheit und Persönlichkeit. Kein äußerer Wohlstand, kein nationaler Glanz, keine volkhafte Geltung vermögen die Werte zu ersetzen, die das Mannesrecht der Selbstbestimmung dem denkenden Menschen verleiht. Der liberale Mensch kann aus seinem Blut nicht Generationen austilgen, die seit Jahrhunderten, seit *Luther* und *Milton*[69], für die Glaubens- und Gewissensfreiheit gestritten haben. Allerdings hat sich die aktive Religiosität, deren Zweck die Glaubens- und Gewissensfreiheit war, stark verflüchtigt, aber der liberale Mensch kann nicht für die verlorene Religion jene pathologische Gläubigkeit eintauschen, die an die göttliche Weisheit von Staatslenkern sich bindet, deren Bewährung aus dem orgiastischen Toben entflammter Massenversammlungen stammt, aus der befriedigten Eitelkeit von Zirkusparaden der Anhänger oder aus der kalten Berechnung der Besitzlosigkeit und Eigentumsvernichtung. Deshalb hängt das liberale Staatsbewusstsein an den vielgescholtenen „überholten Ideologien", die an der alten Form der Staatswillensbildung und der Führerauslese festhalten, ohne ihre Mängel zu verkennen. Aus dieser Bescheidung der politischen Willensrichtung entstammt jene wiederum vielgeschmähte „staatstechnische Gesinnung", die verbessern statt vernichten, reformieren statt revolutionieren, entwickeln statt roden

---

[69] *John Milton* (1608–1674) war ein schon zu Lebzeiten berühmter englischer Dichter und ist bis heute eine prägende Figur in der angelsächsischen Literatur. Er galt als Gegner der Monarchie und entschiedener Verfechter der Meinungsäußerungs- und Pressefreiheit. Sein wohl bedeutendstes politisches Traktat ist „Areopagitica" von 1644, ein an das Parliament of England gerichteter Appell, die zuvor erlassene Praxis der Vorzensur, eines Publikationsverbots mit Erlaubnisvorbehalt, wieder abzuschaffen. Zu Leben, Werk und Wirken aus jüngerer Vergangenheit etwa *McDowell*, Poet of Revolution, 2020 oder *Moshenska*, Making Darkness Light, 2021.

will. Die „neuen Formen und Inhalte" sind allerdings für den „Staatstechniker" nicht verständlich, weil sie einstweilen nicht erfahrungsmäßig erkannt oder vernunftmäßig erwartet, sondern gefühlsmäßig erlebt werden sollen. Dabei darf der politische Horizont nicht künstlich, aus einem falschen Nationalgefühl heraus, verengert werden.

In anderen Ländern funktioniert die demokratische Staatsgestaltung, wenn auch, wie in Krisenzeiten nicht anders zu erwarten, nicht gerade vollkommen. Es gibt zu denken, dass die französische Demokratie, die heute noch vom politischen Liberalismus getragen wird, nicht nur den Krieg, sondern auch den Frieden gewonnen hat, trotz der Parteienzersplitterung, der Parteienlabilität, der zahllosen Kabinettsstürze und Ministerwechsel. Es war erst gestern, als die allgemeine Staatslehre behauptete, die Demokratie versage in Kriegszeiten und nur die Monarchie gewährleiste die einheitliche Staatsführung. Die Demokratie hat den Beweis erbracht, dass sie auch für Krisenzeiten eine Konzentration der Staatsführung aus sich selbst herausschaffen kann, die an Autorität nichts zu wünschen übriglässt.

Es gibt weiter zu denken, dass in England, das gegenwärtig eine der großen Krisen seiner Geschichte erlebt, ein einziger Wahlkampf, geführt unter dem rückständigsten Wahlrecht der Welt, das Wunder der legalen Diktatur bewirkt hat, derjenigen Diktatur also, wie sie die Engländer verstehen: Ein starkes Parlament in der Hand einer starken Regierung aufgrund einer starken Mehrheit der Wählerschaft.

Die Konzentration der Regierung ist durch die gesetzlich eingeräumten emergency powers sogar der deutschen Diktaturpraxis weit überlegen, die – einstweilen noch – von der Unantastbarkeitslehre mühsam gebändigt ist. Es gibt zu denken, dass der Spanier, in traditionellen Bindungen befangen wie kein anderer Europäer, die Diktatur mitsamt der Monarchie abgeschüttelt hat und mit *Ortega y Gasset*[70],

---

[70] *José Ortega y Gasset* (1863–1955) gilt als einer der einflussreichsten spanischen Philosophen und Soziologen des 20. Jahrhunderts. Er begründete die Escuela de Madrid, für deren Wirken seine 1914 veröffentlichte Schrift „Meditaciones del Quijote" schulprägenden Charakter einnahm. In Deutschland wurde seine Abhandlung „La rebelión de las masas" (1929, deutsche Übersetzung 1931) auf breiter Front rezipiert. Einen ersten Zugriff auf Werk und Wirken ermöglicht *Dobson*, An Introduction to the Politics and Philosophy of José Ortega y Gasset, 1989.

dem spanischen *Naumann*, eine liberal-demokratische Verfassung gegen die gewaltigen Kräfte der kirchlich-ständischen Reaktionen und der syndikalistischen Revolution versucht. Es gibt zu denken, dass selbst das kleine Österreich, der lebende Leichnam unter den Nachkriegsgeburten, immer noch tapfer und erfolgreich den Kurs seiner liberalistischen Verfassung steuert und dazu trotz der Spannung der Parteigegensätze das Kunststück vollbracht hat, sie den Anforderungen der Notzeit entsprechend auf gesetzlichem Wege zu ändern.

Der Liberalismus steht auch heute noch und heute mehr denn je im Zeichen des geistigen Freihandels; er tauscht die staatlichen Erfahrungen der reiferen Länder mit den jungen Impulsen der jüngeren Staaten willig ein und als unverbesserlicher Staatstechniker probiert der liberale Mensch lieber die bewährten Formen anderer staatlicher Kulturen, als dass er sich in die nationale Lebensgemeinschaft unter der Führung irrationaler Phantasten ihrer ekstatischen Gefolgschaft einkapseln lässt. Die letzten 20 Jahre haben reichlich Gelegenheit geboten, die Vorteile und Nachteile der nationalen und der außernationalen Geisteswelt gegeneinander abzuwägen: wer allerdings den geistigen Horizont des Generalkommandos noch immer der geistigen Idee der Völkergemeinschaft vorzieht, der ist ersichtlich für die liberale Gedankenwelt verloren. Der liberale Staatsdenker ist keineswegs blind gegen die Fehler der Demokratie und ihrer historisch erwachsenen Institutionen, die nicht selten aus langen umkämpften und heiß erstrebten Postulaten seiner eigenen Ideologie zu geistfeindlichen Mächten sich entwickelt haben. Das allgemeine Wahlrecht, dessen erste und tiefste Wurzeln die Gleichheit der Kreatur vor Gott war, ist vielfach zum Verhängnis geworden; die Geister, die es beschwören sollte, hat es nicht selten gerufen; aber es lässt sich nicht beseitigen, solange nicht etwas Besseres gefunden ist und alle Versuche um die Abstufung und Dosierung der Wahlberechtigung haben nichts anderes ergeben als unerträgliche Ungerechtigkeiten. Schließlich ist das Spiel der freien Kräfte im Parteienstaat noch immer besser als die selbstoktroyierte und sich selbst rekrutierende Staatswillensbildung nach russischer Art oder das oligarchische System der faschistischen Wahlkörperschaften, die in Wirklichkeit nur die organisierten Parteibataillone sind. Statt die Führung der Demokratie durch die Herrschaft der Diktatur zu ersetzen, sollte zunächst der staatstechnische Versuch gemacht werden, ihre Fehlerquellen zu verstopfen. Wenn der Proporz als Irrweg erkannt wurde, muss man ihn mit der Mehrheitswahl kombinieren oder ganz beseitigen. Ähnlich steht es mit der unmittelbaren Volksgesetzgebung; sie ist, in richtiger, d. h. anwendungsfähiger Struktur, ein Gegengewicht des Parlamentarismus; in ihrer jetzigen staatstechnischen Ausgestaltung nach der Weimarer Verfassung diskreditiert sie das Volk und den Parlamentarismus. Auch der Parlamentarismus selbst ist keineswegs ein Wert an sich, besser oder schlechter als andere Regierungsmethoden; er ist aber für die gegenwärtige Form der Massendemokratie unentrinnbar, solange uns nicht der Beweis geliefert ist, dass die Cäsarische Diktatur die dem Staat gestellten Aufgaben besser und zweckentsprechender löst. Der liberale Staatsdenker ist sich der Mängel des parlamentarischen Systems wohl bewusst, auch wenn er seine Erfahrung nicht nur an den deutschen Vorgängen geschult hat. Der Mut zur durchgreifenden staatstechnischen Reform sollte gerade in Deutschland aufgebracht werden, wo die Tradition des Parlamentarismus noch nicht zu einer politischen Lebensform erstarkt oder erstarrt ist und wo Änderungen der politischen Staatsführung von den disziplinierten und aufklärungswilligen Wählermassen leichter durchzuführen sind als etwa in Frankreich und England, wo die politische Gewöhnung schon die halbe Voraussetzung der reibungslosen Staatsführung ist. Die Mängel des Parlamentarismus können hier nicht aufgezählt werden. Das Übel muss aber an der Wurzel gepackt werden und die Reform darf nicht von oben, sondern sie muss von unten beginnen.

Es ist ein unerträglicher Zustand, dass die Parteibonzen hinter verschlossenen Türen die Kandidatenauswahl abkarten und den Wähler in seiner „Weltanschauungspartei" ihre Geschäfte an der Urne besorgen lassen. Die Nationalsozialistische Partei hat in dieser Richtung die Mängel der alten Partei nicht nur übernommen, sondern mit der Mythologie vom Gehorsam und der Unterwerfung unter die „Führer" geradezu zum Grundsatz erhoben; niemals sind die Wähler so sehr Stimmvieh für die anonymen „Vertreter" wie bei den radikalen Parteien; ihre Funktion besteht nur darin, als Multiplikator zu wirken, wohl die schärfste Abkehr von der Demokratie, die sich vorstellen lässt.

Abhilfe schaffen kann hier nur eine Legalisierung der Partei von Staats wegen und es ist nicht einzusehen, warum nicht der Staat, vor dessen Gottähnlichkeit gerade den Anhängern des Machtstaates nicht bang ist, seine Machtmittel hier einsetzt, um anstelle der veralteten Methoden ehemals aristokratischer Wählerkörperschaften eine Art wirtschaftlicher Höchstpreisgesetzgebung zu setzen: Die Offenlegung der Parteiausgaben, die Kontrolle der Parteifinanzen, die Regulierung des Wahlkampfes im Sinne des gleichen Rechts für alle haben sich im Ausland bewährt und wären auch in Deutschland wenigstens eines Versuches wert. Ja, es mag sogar der Plan überdacht werden, die Parteibildung als solche in staatliche Kanäle zu leiten. Wenn der Staat schon zu seinem eigenen Nachteil, wie sich jetzt zeigt, durch die Wahlgesetzgebung die Bildung von Splitterparteien unterbunden hat und auf diese Weise der Ausbreitung der heterogensten Massenparteien Vorschub leistete, so mag er einen Schritt weitergehen und die Zulassung der Parteien zum Wahlkampf und zur Staatswillensbildung von einer Art Privilegium abhängig machen. Es lässt sich denken, dass es nur vier oder fünf „offizielle" Parteien gibt, die alleinberechtigt sind, die Wahlkörperschaften des Reichs und der Länder – in den Selbstverwaltungsbezirken besteht dazu kein Bedürfnis – zu beschicken. Wie man diese Parteien auswählt und gruppiert, ist eine Frage der politischen Biologie, die allerdings in den verschiedenen Ländern auch verschiedenen traditionellen Einwirkungen unterliegt. Es lässt sich aber ein Parteienschema festlegen, das allen Grundschattierungen des politischen Temperaments entspricht und somit für jeden Staatsbürger die Einordnung zulässt, der überhaupt gewillt ist, bei der Staatswillensbildung mitzuwirken. Solche Parteien wären die konservative, die bürgerliche Mitte, die bürgerliche Linke, die sozialistische Mitte und die sozialistische Linke, die Glaubensparteien und, wenn man will, die generelle Opposition. Der Vorzug und die Gefahr dieser offiziellen, privilegierten und approbierten Parteien wäre es, dass die Austragung der Interessengegensätze, die sich sonst schon bei der Wahl selbst auswirkt, vom Wahlkörper in das Parlament verlegt wird.

Es bleibt abzuwarten, ob dieses System der legalisierten Parteibildung nicht besser funktioniert als die freie Konkurrenz der Parteien, bei der jedes Mittel des unlauteren Wettbewerbs, jeder Verstoß gegen Treu und Glauben ohne Weiteres zugelassen ist. Ob eine Deliberation im Sinne der klassischen englischen Parlamentstheorie dadurch wiedererweckt werden kann, mag fraglich sein. Im Parlament wird bei den eigentlichen Entscheidungen ein Höchstmaß von Fraktionszwang nicht entbehrt werden können, weil sonst die Regierung dem Einfluss des Parlaments völlig entgleitet. Aber es würde jedenfalls erreicht werden, dass der politische Kampfplatz aus den Volksversammlungen und von der Straße in die geschlossene Atmosphäre der Parlamentsdisziplin verlegt würde und damit könnte der Parlamentarismus an Geltung ebenso sehr gewinnen, wie er in den letzten Jahren durch die außerparlamentarischen Organisationen an Prestige verloren hat. Es ist bezeichnend, dass in England gerade von einer Regierung, welche über die größte Mehrheit der englischen Parlamentsgeschichte verfügt, ein Experiment gewagt wird, das noch vor zehn Jahren als völliger Bruch der parlamentarischen Lebensgewohnheiten gegolten hätte: Die Auflockerung der Kollektivverantwortlichkeit des Kabinetts, das „agreement to differ". Diese staatstechnischen Vorschläge sind, wie zugegeben werden muss, nicht ohne Einwirkung der faschistischen Technik entstanden; die Wahlgesetze des faschistischen Staates, nunmehr auch von der jugoslawischen Diktatur nachgeahmt und selbst in den neuen Wahlreformvorschlägen Frankreichs sichtbar, sind bei der Idee der staatlich privilegierten Parteien Gevatter gestanden.

Der liberale Mensch ist optimistisch und skeptisch zugleich: Optimistisch, weil er glaubt, dass die Deutschen die eingeborenen und unverlierbaren Vorstellungen der Freiheit und der Persönlichkeit nicht zugunsten einer neuen Staatsideologie opfern können, die ihnen den knechtischen Gehorsam zumutet, wenn ihm nicht die Gewissheit gegeben ist, dadurch jenes Lebensglück zu erlangen, das ihm angeblich die Freiheit versagt hat. Er ist skeptisch, weil er weiß, dass auch die Historie non facit saltum, weil also die liberaldemokratische Epoche, durch welche die großen westlichen Völker seit 1789 nicht gehindert wurden, zu großen Nationen zu werden, nicht einfach übergangen werden kann. Die historische Vernunft und erst recht die volkliche Selbstachtung verbieten zu glauben, dass der deutsche politische Mensch wesentlich anders organisiert ist als der politische Mensch überhaupt. Optimisten, die wir sind, zweifeln wir, dass das

Wunder der göttlichen Persönlichkeit ausgerechnet dem deutschen Menschen erblühen wird, der daran in seiner Geschichte mehr als andere Nationen Mangel gelitten hat. Man muss sich also diese Distanz zu den Dingen weder durch politische Verzweiflung noch durch politischen Enthusiasmus vernebeln lassen. Deutschland ist nicht umsonst die geistige Heimat der bürgerlichen Mitte. Es ist richtig, dass gerade die bürgerliche Mitte, die Träger der liberalen Mentalität, jetzt zwischen den Mühlsteinen der Inflation und Deflation zerrieben ist. Aber damit ist das geistige Substrat des Bürgertums nicht verloren: Die Freiheit der Persönlichkeit, der Wunsch der Selbstbehauptung gegenüber dem Staat, das Bedürfnis nach einer individuellen, nicht den Massen assimilierten Lebensführung, die Geltung des Einzelnen gerade gegenüber der Geltung der Masse, die Selbstständigkeit gegenüber dem Schema, vielleicht, wenn man eine Formel will: Die Qualität gegenüber der Quantität.

Hier ist nun der Punkt, wo die Identität von Liberalismus und Demokratie aufhört und der Liberalismus zum eigentlichen Gegenspieler der Demokratie erwächst, wo der funktionalen Demokratie die Notwendigkeit der individuellen Freiheit entgegentritt. Vielleicht sind diese antidemokratischen Tendenzen nicht immer lauter und hier liegt auch der Grund, weshalb jede Renaissance des Liberalismus in Deutschland – anders in England, wo im Grund alle Parteien im gemeinsamen Boden der Demokratie wurzeln – auf das Misstrauen gerade der Linken stößt, deren Bundesgenossenschaft bei der Abwehr der autoritären Herrschaft unentbehrlich ist. Die liberale Vernunft hält auch der Volkssouveränität gegenüber, obwohl sie ihr funktional-politisch unterworfen ist, die Distanz.

Dass Despotismus und Demokratie der Persönlichkeit des Einzelnen in gleichem Maße gefährlich werden können, beweist ideengeschichtlich schon die konstruktive Homogenität des Hobbes'schen Leviathan mit der Rousseau'schen volonté générale, beweist, um aus unserer eigenen reichen Erfahrung zu schöpfen, die soziologische Nivellierung in den Vereinigten Staaten, die für den Liberalen als unerträgliche Tyrannei wirkt. Der Liberalismus ist also, vom Standpunkt der politischen Entwicklung aus gesehen, in Wahrheit immer eine Position der Mitte gewesen und als solche verblieben; er wendet seine Front sowohl gegen die gegenwärtige Despotie des Demokratismus als auch gegen den noch aktuelleren Demokratismus der Despotie. Diese ewige Funktion des Liberalismus wird bei seiner Kritik meist völlig übersehen. Ohne liberale Staatsgesinnung ist auch die demokratische Gesellschaftsordnung eine Entwürdigung der menschlichen Freiheit, der zu dienen sie nach ihrer ursprünglichen Idee bestimmt war. Hier liegen die unzerstörbaren und unverlierbaren, die im wahrsten Sinne absoluten Werte des Liberalismus, als jener Geistesrichtung, die ihre geistige Reihe mit *Sokrates* beginnt, wenn nicht schon *Prometheus* ihr Ahnherr gewesen ist. Es ist nicht anzunehmen, auch nicht in dieser Zeit der tiefsten Erniedrigung des liberalen Gedankens in der deutschen Geschichte seit seiner Hochblüte mit *Lessing, Humboldt, Schiller* und *Kant*, dass die Idee des Liberalismus als die Idee der menschlichen Freiheit nicht stark genug wäre, um die jetzt zerstreuten Scharen einmal wieder um ihren Gral zu sammeln. Dem Anhänger des liberalen Staatsdenkens obliegt die zeitgeschichtliche Aufgabe, die Opposition im eigentlichen Sinne des Begriffs zu sein, d. h. zum einen die Reihen zu schließen gegen den Rückfall in Despotie und Willkürherrschaft, mag sie gefesselte Diktatur oder mag sie entfesselte Demokratie heißen, zum anderen die Reihen zu öffnen, wenn die enttäuschten Massen aus der Verzauberung erwachen und dem Staat, dem sie noch jetzt gläubig gehuldigt haben, mit der Verbitterung des Vernichtungswillens entgegentreten.

XI. Die Aufgabe des liberalen Staatsdenkens

Wie ist nun die Haltung des liberalen Menschen in der Zukunft, zunächst der nahen Zukunft, staatspolitisch und staatsrechtlich bedingt? Wenn der Staat der nationalen Lebensgemeinschaft, herausgetreten aus dem Nebel der Erwartungsromantik, darin besteht, dass eine zur Macht gekommene Partei, mag sie auch die Mehrheit der Wähler hinter sich haben, ohne Verfassung oder mit ihrem Parteistatut als Verfassung regiert, dann will der liberale Mensch, so ihm noch eine Wahl gelassen ist, lieber unter der fehlerhaften, aber solide Rechtsgarantien gewährenden Weimarer Verfassung leben als in der parteimäßig normierten Ordnung eines neuen Regimes: er kann in einem solchen Wechsel unmöglich einen Fortschritt in der Zielsetzung eines jeden Staates, der größtmöglichen Glückseligkeit des Staatsbürgers, erblicken, selbst dann nicht, wenn ein weltenweiser Führer, ein Übermensch als Gesetzgeber im Sinne *Nietzsches*, ihn zu seinem Glück zwingen sollte. Er kann sich nicht der billigen Argumentation anbequemen, es gäbe im Volk einige Wenige, die so gut wissen, was für das Volk gut ist, dass sie es nicht für gut befinden, das Volk darum zu befragen. Der Gegensatz zwischen institutioneller und dezisionistischer Staatsführung besteht so lange nicht, als bei den staatlich-relevanten Entscheidungen der Spielraum eingehalten wird, der für die Handlungsfreiheit im Rahmen der rechtsstaatlich geordneten Kompetenzzuweisung gegeben ist. Tritt das dezisionistische Staatsdenken aber über diesen Raum hinaus, so hat der Rechtsstaat seinen Sinn verloren und das Grundprinzip des Liberalismus, die Rechtskontrolle der Regierung, ist damit aus den Angeln gehoben. Daher sollte man mit der dezisionistischen Begriffsspielerei vorsichtiger sein; gerade die rechtsstaatlich nicht gebundene Diktatur will sich legitimieren und benützt daher jeden denkbaren Anknüpfungspunkt, um die neue Ordnung nicht als Bruch, sondern als Fortsetzung der Tradition hinzustellen.

Wenn man dem liberalistischen Staatsdenken schließlich vorwirft, es sei „pazifistisch", es huldige der Devise: „Ruhe ist die erste Bürgerpflicht"[71], so ist dem vorbehaltlos zuzustimmen. Aber man muss das Wort „pazifistisch" ebenso von dem hämischen Beigeschmack reinigen wie das Wort liberalistisch. In der Tat: Dem liberalen Men-

---

[71] Das geflügelte Wort stammt vom preußischen Minister *Friedrich Wilhelm Graf von Schulenburg-Kehnert* (1742–1815), der nach der verlorenen Schlacht bei Jena und Auerstedt im Oktober 1806 die Bevölkerung Berlins auf die bevorstehende Einnahme der Stadt einschwor. Später charakterisierte man mit diesem Ausspruch die Biedermeierzeit. Dass *Loewenstein* den Ausdruck hier aufgreift, lässt sich als unmittelbare Replik auf einen Angriff von *Koellreutter* (Fn. 1), 478 deuten, der zuvor meinte: „Ruhe ist die erste Bürgerpflicht', das ist die ethische Forderung des liberalistischen Staatsdenkens. Wenn ein Staat wie der unter der Faust des Friedensdiktats sich windende deutsche aber nicht im Friedenszustande, sondern in einem permanenten Kriegszustande gehalten wird, so muß auf die Dauer das liberalistische Staatsdenken versagen."

schen ist der geschlossene Janustempel hundertfach, tausendfach lieber als die lodernden Opferfeuer, die er durch die weitgeöffneten Tore auf dem Altar des doppelgesichtigen Gottes erblickt. Gerade inmitten des Zeitalters, das eine spätere Geschichtsschreibung vielleicht die Epoche des Nationalismus nennen wird, ist der liberale Mensch skeptisch gegenüber dem absoluten Wert des schlechthin „Nationalen". Wird die Metaphysik neben den Wertkategorien des Guten, Wahren, Schönen, Heiligen auch diejenige des Nationalen anerkennen? Wenn Gott den Menschen nach seinem Ebenbild schuf, so ist nicht einzusehen, warum der französische, italienische, polnische, chinesische Mensch eine schlechtere Kreatur Gottes sein soll als der deutsche. Niemand wird deshalb seine Zugehörigkeit zur deutschen nationalen Lebensgemeinschaft geringer einschätzen, weniger bewusst bewerten, weil er den übersteigerten Nationalismus aller Völker mit der blinden Überschätzung der eigenen Vorzüge und der fanatischen Übertreibung der Nachteile fremder als eine Sünde wider den menschlichen Geist erachtet. Man wirft dem Liberalismus, der seine Weltanschauung selbstbewusst auf das „bindungslose"[72] Individuum gründet, Überheblichkeit vor, aber die wahre Demut beseligt gewiss auch nicht den Nationalisten, der glaubt, über den Splittern im Auge der anderen Völker den Balken im eigenen Auge übersehen zu müssen.

Der Liberalismus verkennt nicht, dass die Völkerversöhnung und Völkerbefriedung noch im weiten Feld ist und dass ihr technisches Instrument, der Völkerbund, bisher die Hoffnung der geistig Freien enttäuscht hat. Aber als der unverbesserliche Optimist, als der er nun einmal gebrandmarkt durch die Welt geht, wirft er die Flinte nicht mutlos ins Korn und arbeitet auch hier geduldig an der staatstechnischen Verfassung des bislang unvollkommenen Apparates, der sich ja nach weit mehr als zwölf Jahrhunderten des Krieges nicht in zwölf Jahren eines fragwürdigen Friedens ganz hat einspielen können, statt ihn nach Kinder- und Narrenart in Stücke zu schlagen. Völkerpolitisch ist die Devise: „Ruhe ist die erste Völkerpflicht", jetzt, nach den zwölf Jahren, welche vom Sturm der apokalyptischen Reiter über die

---

[72] *Loewenstein* spielt auf ebd., 476 an, wo *Koellreutter* meint, das „liberalistische Staatsdenken" mache die „souveräne politische und rechtliche bindungslose Stellung des Individuums zur Grundlage seines Staatsdenkens".

Erde erfüllt sind, gewiss keine unzeitgemäße Forderung und innerpolitisch ist diese Forderung des Liberalismus, mag sie auch der Nachtwächter- und nicht der Kriegermentalität entsprechen, ethisch gleichfalls begründet: Der liberale Geist erwartet in der Tat von der inneren Befriedung die Erholung von dem Aderlass des verlorenen Krieges und des verlorenen Friedens. Weit mehr als den Krieg preisen die Dichter aller Zeiten und Zonen die Künste des Friedens. Statt in unfruchtbarer Empörung an den Ketten des Versailler Vertrages zu rütteln, die der Rost der Zeit von knapp zwölf Jahren bereits morsch gemacht hat, hätte die innere Sammlung zum Anbeginn einer wahren geistigen Lebensgemeinschaft werden müssen. Andere Nationen, und zwar Sieger wie Besiegte, sind trotz ihrer inneren Gegensätze zu dieser geistigen Sammlung gelangt.

Der liberale Mensch erhofft nichts von der Kultur der Diktatur, deren Werte nicht wachsen, sondern angeordnet werden, deren Ziele nicht in der Entwicklung der Humanität, sondern in der Förderung der machtstaatlichen Zwecke gefunden werden. Wohl gab es in der Geschichte Zeiten des Absolutismus, die gleichzeitig Gipfel nationaler Kulturleistungen waren; auch der liberale Mensch weiß von *Perikles, Augustus, Heinrich VIII., Ludwig XIV*. Zweifel sind berechtigt, ob die faschistische Kultur, die *Toscanini*[73] ohrfeigte und die Maschine vergottet, ein geistiges Vorbild für das Volk der Dichter und Denker sein kann. Vestigia terrent.[74]

Was wir ersehnen, ist der innere Frieden, wo der Bürger seiner Pflicht in Ruhe nachgehen kann; nicht der Krieg als der innere und äußere Kampfgeist ist Selbstzweck der menschlichen Gesittung und

---

[73] *Arturo Toscanini* (1867–1957) war ein italienischer Dirigent. Er gilt als einer der bedeutendsten Dirigenten des 20. Jahrhunderts. Den faschistischen Machthabern wollte er sich nicht anbiedern, stattdessen widersetzte er sich den Anordnungen der politischen Führung und emigrierte schließlich im Jahre 1937 in die USA. – In seinen Lebenserinnerungen würdigt *Loewenstein* (Fn. 6), 343 ff. *Toscanini* eingehend und bezeichnet ihn als das „musikalische[n] Idol meiner musikverständigen Mannesjahre".

[74] Der Ausdruck stammt von *Horaz*, Epistulae 1, 1, 74 und lässt sich übersetzen mit „Die Spuren schrecken (mich) ab". Er entstammt einer Fabel *Äsops*, in der ein Fuchs anhand der in eine Höhle hinein-, aber nicht wieder hinausführenden Spuren anderer Tiere erkennt, dass der in dieser Höhle lebende Löwe eine für seine Gäste tödlich endende List verfolgt.

auch in einer aus den Fugen gerissenen Welt darf der Glaube an die Sicherungen der Freiheit nicht verloren werden. Es mag liberal sein, aber es ist auf jeden Fall menschlich, was der *Prediger Salomon* mit den Worten sagt: „Darum sah ich, dass nichts Besseres ist, denn dass ein Mensch fröhlich sei in seiner Arbeit."[75]

[75] Entnommen ist das Bibel-Zitat dem Buch Prediger, Kapitel 3, Vers 22. Der Vers lautet in der Luther-Bibel von 1912 vollständig: „So sah ich denn, daß nichts Besseres ist, als daß ein Mensch fröhlich sei in seiner Arbeit; denn das ist sein Teil. Denn wer will ihn dahin bringen, daß er sehe, was nach ihm geschehen wird?"

Nachwort

Am 30. Januar 1933, genau ein Jahr nach der Niederschrift der „Apologie des liberalen Staatsdenkens", brach in Deutschland eine neue Zeit an. *Karl Loewenstein* vertrieb sie außer Landes: Am 1. April durchsuchten SA-Männer seine Kanzlei. Sie trafen ihn jedoch nicht an, da er wenige Tage zuvor, „angeblich um Ski zu laufen, in Wirklichkeit ohne zu wissen, ob ich je wieder zurückkehren werde", Deutschland in Richtung Schweiz verlassen hatte.[1] An der Münchener Universität wurde der auf seinen Antrag hin für das Sommersemester ohnehin schon beurlaubte *Loewenstein* per Ministerialverfügung vom 21. Juli 1933 auch für das Wintersemester 1933/1934 beurlaubt, seine angekündigten Vorlesungen wurden gestrichen.[2] Am 11. Oktober 1933 erklärte der bayerische Kultusminister *Hans Schemm Loewensteins* akademische Laufbahn in Deutschland endgültig für beendet, indem er wissen ließ, „daß die Zulassung als Privatdozent zurückgenommen wird, weil Staatslehre und Staatsrecht im nationalsozialistischen Staat von einem Nichtarier nicht gelesen werden können".[3] Wie einige andere liberale Staatsrechtslehrer, die bereits aus ihren Ämtern entfernt worden waren oder bald vertrieben werden sollten,[4] entschied sich *Loewenstein* zur Emigration. Im Dezember 1933 begann er in den USA in neuem Land und in neuer Disziplin (Political Science) ein neues Leben.

[1] *Loewenstein*, Des Lebens Überfluß, 2023, 130 f.
[2] Schreiben von Rektor *Leo von Zumbusch* an *Karl Loewenstein* vom 29. Juli 1933, Karl Loewenstein Papers, Box 53, Folder 23, Archiv des Amherst College. Zur Vertreibung *Loewensteins* von der Münchener Universität siehe *Lang*, Karl Loewenstein, 2007, 159 ff. sowie die retroperspektiven Schilderungen des Betroffenen selbst, *Loewenstein* (Fn. 1), 154 f.
[3] Schreiben von *Hans Schemm* an das Rektorat der Universität München vom 11. Oktober 1933, Karl Loewenstein Papers, Box 53, Folder 23, Archiv des Amherst College.
[4] Zu den Vertreibungen innerhalb der institutionell angebundenen deutschen Staatsrechtslehre ab 1933 *Kubitscheck*, ZNR 45 (2023), 37.

In Deutschland reüssierte fortan das Denken vom völkischen Führer- und Bewegungsstaat her. Freiheit, Würde und Eigenwert des Einzelnen fielen als Denkkategorien aus; das liberale Staatsdenken wurde in den Abgrund gestürzt und in den Untergrund verdrängt. Was blieb, war – in den Worten des ebenfalls aus Deutschland vertriebenen *Hans Kelsen*, mit denen er 1932 seinen eingangs erwähnten Aufsatz „Verteidigung der Demokratie" schließen ließ – die Hoffnung, „daß das Ideal der Freiheit unzerstörbar ist und daß es, je tiefer es gesunken, um so leidenschaftlicher wieder aufleben wird".[5]

Nach dem Ende der NS-Diktatur haben liberale Ideen und Ideale wieder ihren Platz in Deutschland gefunden. In der Gegenwart werden sie in vielfältiger Weise rezipiert und weitergedacht, mal kartographiert, mal mit dem Blick auf die Herausforderungen der Gegenwart und Zukunft fortentwickelt.[6] Unsere Freiheit bleibt indes fragil. Sie trifft auf Erosionsbemühungen vielerorten, vieler Gesichter und vieler Formen. Bleiben wir wachsam. Der Weg in eine „illiberale Demokratie" á la *Orbán*, *Morawiecki* und *Erdoğan* ist vielfach vorgezeichnet. Für den täglich aufs Neue auszutragenden Kampf gegen antiliberal-autoritäres Gedankengut kann künftig nicht mehr nur *Kelsens*, sondern auch *Loewensteins* Verteidigungsschrift als Inspirationsquelle und Impulsgeberin dienen. Lernen aus Weimar heißt auch Lernen von Vorbildern. Und Lernen von Vorbildern heißt, nicht bei ihnen stehenzubleiben, sondern in ihrem Geiste fortzudenken – und zu handeln.

---

[5] *Kelsen*, Blätter der Staatspartei 2 (1932), 90, 98.

[6] Aus dem deutschsprachigen Raum etwa *Kersting*, Verteidigung des Liberalismus, 2009; *Herzog*, Freiheit gehört nicht nur den Reichen, 2014; *Steltemeier*, Liberalismus, 2015; *Müller*, Furcht und Freiheit, 2019; Fischer/Huhnholz (Hrsg.), Liberalismus: Traditionsbestände und Gegenwartskontroversen, 2019; *Möllers*, Freiheitsgrade, 2020; Fücks/Manthe (Hrsg.), Liberalismus neu denken, 2022; *Özmen*, Was ist Liberalismus?, 2023. Siehe auch die Vorträge über „Verfasste Freiheit" auf der Tagung der Vereinigung der Deutschen Staatsrechtslehrer im Oktober 2022 von *I. Augsberg, H. Keller, J. Lindner, A. Ungern-Sternberg, A. Funke, U. Hufeld* und *P. Bußjäger*, abgedruckt in VVDStRL 82 (2023).

Quellen- und Literaturverzeichnis

I. Archivalien

1. Archives & Special Collections des Amherst College, Amherst, Massachusetts, USA

Karl Loewenstein Papers
–, Box: 25, Folder: 22: Staatsrechtswissenschaft und Verfassungskrise – typescript draft, notes, [1932].
–, Box: 25, Folder: 24: Apologie des liberalen Staatsdenkens – manuscript and typescript drafts; correspondence, 1932.
–, Box: 28, Folder: 25: Correspondence regarding publications 1922–1923.
–, Box: 28, Folder: 27: Correspondence regarding Die Rechtsgültigkeit der Neuregelung der Biersteuerentschädigung, 1927.
–, Box: 28, Folder: 28: Correspondence, reviews, notes, bibliography regarding Verfassungsleben in Großbritannien, 1932–1933.
–, Box: 46, Folder: 25: OMGUS – Legal Division – reports and memoranda, 1946 April 5–29.
–, Box: 46, Folder: 46: OMGUS – Legal Division – "Observations on the personality and work of Professor Carl Schmitt"; "The Library of Professor Carl Schmitt", 1945 October–November.
–, Box: 50, Folder 137: Kelsen, Hans, 1935–1967.
–, Box: 51, Folder: 4: Koellreutter, Otto, 1925–1966.
–, Box: 51, Folder: 17: Leibholz, Gerhard, 1932–1966.
–, Box: 52, Folder: 2: Ogg, Frederic Austin, 1935–1937.
–, Box: 52, Folder: 28: Schmitt, Carl, 1925 April 29.
–, Box: 53, Folder: 13: Correspondence, 1925–1931.
–, Box: 53, Folder: 23: Correspondence – Universität München (employment and dismissal), 1931–1933.
–, Box: 53, Folder: 34: Correspondence, 1936 October–December.
–, Box: 53, Folder: 35: Correspondence, 1937 January–June.

2. Archiv des Verlages J.C.B. Mohr (Paul Siebeck), Abteilung Handschriften und Historische Drucke, Staatsbibliothek zu Berlin – Preußischer Kulturbesitz

Korrespondenz zwischen Karl Loewenstein und J.C.B. Mohr (Paul Siebeck), 01.04.1932–03.12.1932, Nachl. 488, A 0467, 1, Blatt 160–188.

3. Bundesarchiv Koblenz

Nachlass Gerhard Leibholz
–, N 1334/460, Laufende Korrespondenz, Bd. 9, 1931.
–, N 1334/123, Laufende Korrespondenz, Bd. 10, 1931–1932.
–, N 1334/623, Laufende Korrespondenz, Bd. 12, 1932–1934.
–, N 1334/588, Laufende Korrespondenz, Bd. 17, 1945.
–, N 1334/457, Rezeption der Antrittsrede „Zu den Problemen des fascistischen Verfassungsrechts"; allgemeine Korrespondenz, 1925–1929.

II. Literatur

Acham, Karl/Moebius, Stephan (Hrsg.), Soziologie der Zwischenkriegszeit. Ihre Hauptströmungen und zentralen Themen im deutschen Sprachraum, Wiesbaden (Springer) 2021.
Acker, Detlev, Walther Schücking. (1875–1935), Münster (Aschendorff Verlag) 1970.
Adler, Max, Die Staatsauffassung des Marxismus. Ein Beitrag zur Unterscheidung von soziologischer und juristischer Methode, Wien (Verlag der Wiener Volksbuchhandlung) 1922.
Anschütz, Gerhard, Die Verfassung des Deutschen Reichs vom 11. August 1919. Ein Kommentar für Wissenschaft und Praxis, 14. Aufl. Berlin (Verlag von Georg Stilke) 1933.
Arendt, Hannah, The Origins of Totalitarianism, New York (Penguin Books) 1951.
Augsberg, Ino, Theorie, VVDStRL 82 (2023), 29.

Aydin, Taner, Gustav Radbruch, Hans Kelsen und der Nationalsozialismus. Zwischen Recht, Unrecht und Nicht-Recht, Baden-Baden (Nomos) 2020.

Barker, Rodney/Howard-Johnston, Xenia, The Politics and Political Ideas of Moisei Ostrogorski, Political Studies 23 (1975), 415.

Bendersky, Joseph W., Carl Schmitt's Path to Nuremberg: A Sixty-Year Reassessments, Telos 139 (2007), 6.

Böckenförde, Ernst-Wolfgang (Hrsg.), Staatsrecht und Staatsrechtslehre im Dritten Reich, Heidelberg (C. F. Müller) 1985.

Brecht, Arnold, Constitutions and Leadership, Social Research 1 (1934), 265.

–, Aus nächster Nähe, Stuttgart (Deutsche Verlags-Anstalt) 1966.

Bußjäger, Peter, Selbstverwaltung, VVDStRL 82 (2023), 363.

Cancik, Pascale/Kley, Andreas/Schulze-Fielitz, Helmuth/Waldhoff, Christian/Wiederin, Ewald (Hrsg.), Streitsache Staat. Die Vereinigung der Deutschen Staatsrechtslehrer 1922–2022, Tübingen (Mohr Siebeck) 2022.

Carl-Schmitt-Gesellschaft (Hrsg.), SCHMITTIANA. NEUE FOLGE. Beiträge zu Leben und Werk Carl Schmitts. Band 1, Berlin (Duncker & Humblot) 2011.

Cordes, Oda, Marie Munk (1885–1978). Leben und Werk, Köln/Weimar/Wien (Böhlau) 2015.

Dannemann, Gerhard, Legale Revolution, Nationale Revolution: Die Staatsrechtslehre zum Umbruch von 1933, in: Böckenförde, Ernst-Wolfgang (Hrsg.), Staatsrecht und Staatsrechtslehre im Dritten Reich. Heidelberg (C. F. Müller) 1985, 3.

Der Göttinger Arbeitskreis (Hrsg.), Mensch und Staat in Recht und Geschichte. Festschrift für Herbert Kraus zur Vollendung seines 70. Lebensjahres dargebracht von Freunden, Schülern und Mitarbeitern, Kitzingen/Main (Holzner-Verlag) 1954.

Dobson, Andrew, An Introduction to the Politics and Philosophy of José Ortega y Gasset, Cambridge (Cambridge University Press) 1989.

Dreier, Horst, Rechtslehre, Staatssoziologie und Demokratietheorie bei Hans Kelsen, 2. Aufl. Baden-Baden (Nomos) 1990.

–, Die deutsche Staatsrechtslehre in der Zeit des Nationalsozialismus, VVDStRL 60 (2001), 9.

–, Kelsen im Kontext. Beiträge zum Werk Hans Kelsens und geistesverwandter Autoren, Tübingen (Mohr Siebeck) 2019.

–, Hans Kelsen zur Einführung, Hamburg (Junius) 2023.

Dreyer, Michael, Hugo Preuß. Biografie eines Demokraten, Stuttgart (Franz Steiner Verlag) 2018.

Ebenstein, William, Fascist Italy, New York/Chicago (American Book Company) 1939.

–, The Nazi State, New York/Toronto (Farrar & Rinehart) 1943.

Elwin, William, Fascism at Work, London (Martin Hopkinson) 1934.

Ermarth, Fritz, Mussolini. Eine verfassungsrechtliche Studie über die Regierung Italiens, Tübingen (Mohr) 1932.

–, Theorie und Praxis des fascistisch-korporativen Staates, Heidelberg (Winter Verlag) 1932.

–, The New Germany. National Socialist Government in Theory and Practice, Washington (The Digest Press) 1936.

Fischer, Karsten/Huhnholz, Sebastian (Hrsg.), Liberalismus: Traditionsbestände und Gegenwartskontroversen, Baden-Baden (Nomos) 2019.

Forsthoff, Ernst, Der totale Staat, Hamburg (Hanseatische Verlagsanstalt) 1933.

Freyer, Hans, Revolution von Rechts, Jena (Diederichs) 1931.

Friedrich, Carl J./Brzezinski, Zbigniew, Totalitarian Dictatorship and Autocracy, Cambridge, Mass. (Harvard University Press) 1956.

Frölich, Jürgen/Grothe, Ewald/Kieseritzky, Wolther von (Hrsg.), Fortschritt durch sozialen Liberalismus. Politik und Gesellschaft bei Friedrich Naumann, Baden-Baden (Nomos) 2021.

Fücks, Ralf/Manthe, Rainald (Hrsg.), Liberalismus neu denken. Freiheitliche Antworten auf die Herausforderungen unserer Zeit, Bielefeld (transcript Verlag) 2022.

Funke, Andreas, Multiple Identitäten, VVDStRL 82 (2023), 247.

Gerber, Hans, Freiheit und Bindung der Staatsgewalt. Ein Vortrag, Tübingen (Mohr) 1932.

Gerland, Heinrich Balthasar, Der Rechtsschutz gegen politische Unehrlichkeit, Berlin (Liebmann Verlag) 1931.

Giese, Friedrich, Die Vereinigung der Deutschen Staatsrechtslehrer, Deutsche Juristen-Zeitung 36 (1931), Sp. 1438.

Goethe, Johann Wolfgang von, Goethes Werke. 22. Band: Campagne in Frankreich. Belagerung von Mainz, hrsg. von Heinrich Düntzer, Berlin/Stuttgart (Verlag von W. Spemann) 1974.

Greenberg, Udi, The Weimar Century. German Émigrés and the Ideological Foundations of the Cold War, Princeton, NJ (Princeton University Press) 2015.

Grimm, Dieter, Recht oder Politik?. Die Kelsen-Schmitt-Kontroverse zur Verfassungsgerichtsbarkeit und die heutige Lage, Berlin (Duncker & Humblot) 2020.

Grothe, Ewald, Freiheitliche Ideen. Der schwierige Weg zur liberalen Demokratie, Hamburg (Europäische Verlagsanstalt) 2023.

Häberle, Peter/Kilian, Michael/Wolff, Heinrich Amadeus (Hrsg.), Staatsrechtslehrer des 20. Jahrhunderts. Deutschland – Österreich – Schweiz, 2. Aufl. Berlin/Boston (de Gruyter) 2018.

Hacke, Jens, Existenzkrise der Demokratie. Zur politischen Theorie des Liberalismus in der Zwischenkriegszeit, Berlin (Suhrkamp) 2018.

–, Stabilität durch »Wehrhaftigkeit«? Karl Loewenstein und die Debatte um die gefährdete Demokratie, in: Hausteiner, Eva Marlene/Straßenberger, Grit/Wassermann, Felix (Hrsg.), Politische Stabilität. Ordnungsversprechen, Demokratiegefährdung, Kampfbegriff, Baden-Baden (Nomos) 2020, 259.

Hartmann, Paul, Die Rechtsgrundlagen der neuen deutschen Verfassung, Prager JZ 13 (1933), 407.

Hausteiner, Eva Marlene/Straßenberger, Grit/Wassermann, Felix (Hrsg.), Politische Stabilität. Ordnungsversprechen, Demokratiegefährdung, Kampfbegriff, Baden-Baden (Nomos) 2020.

Hayek, Friedrich A. von, Gesammelte Schriften in deutscher Sprache. Abt. A Band 5: Grundsätze einer liberalen Gesellschaftsordnung. Aufsätze zur Politischen Philosophie, hrsg. von Viktor Vanberg, Tübingen (Mohr Siebeck) 2002.

Heinrichs, Helmut (Hrsg.), Deutsche Juristen jüdischer Herkunft, München (C. H. Beck) 1993.

Heller, Hermann, Europa und der Fascismus, Berlin (de Gruyter) 1929.

–, Rechtsstaat oder Diktatur?, Tübingen (Mohr) 1930.

–, Staatslehre, hrsg. von Gerhart Niemeyer, Leiden (Sijthoff) 1934.

Hertfelder, Thomas, Von Naumann zu Heuss. Über eine Tradition des sozialen Liberalismus in Deutschland, Stuttgart (Stiftung Bundespräsident-Theodor-Heuss-Haus) 2013.

Herzog, Lisa, Freiheit gehört nicht nur den Reichen. Plädoyer für einen zeitgemäßen Liberalismus, München (C. H. Beck) 2014.

Hilger, Christian, Rechtsstaatsbegriffe im Dritten Reich. Eine Strukturanalyse, Tübingen (Mohr Siebeck) 2003.

Hope, William, Curzio Malaparte. The Narrative Contract Strained, Market Harborough (Troubador Publishing) 2000.

Hufeld, Ulrich, Zivilgesellschaft, VVDStRL 82 (2023), 323.

Humboldt, Wilhelm von (Hrsg.), Gesammelte Werke, Berlin (de Gruyter) 1852.

–, Ideen zu einem Versuch, die Gränzen der Wirksamkeit des Staats zu bestimmen, in: Humboldt, Wilhelm von (Hrsg.), Gesammelte Werke: Band 7, Berlin (de Gruyter) 1852, 1.

Jestaedt, Matthias (Hrsg.), Hans Kelsen und die deutsche Staatsrechtslehre. Stationen eines wechselvollen Verhältnisses, Tübingen (Mohr Siebeck) 2013.

Joël, Curt, Die Rechtsprechung des Staatsgerichtshofs für das Deutsche Reich, Archiv des öffentlichen Rechts 77 (1951/52), 129.

Kaiser, Anna-Bettina, Ausnahmeverfassungsrecht, Tübingen (Mohr Siebeck) 2020.

Kaufmann, Erich, Die Gleichheit vor dem Gesetz im Sinne des Art. 109 der Reichsverfassung, VVDStRL 3 (1927), 2.

Keller, Helen, Vergleich, VVDStRL 82 (2023), 67.

Kelsen, Hans, Sozialismus und Staat. Eine Untersuchung der politischen Theorie des Marxismus, 2. Aufl. Leipzig (Hirschfeld) 1923.

–, Allgemeine Staatslehre, Berlin (Springer) 1925.

–, Vom Wesen und Wert der Demokratie, 2. Aufl. Tübingen (Mohr) 1929.

–, Wer soll der Hüter der Verfassung sein?, Berlin-Grunewald (Rothschild) 1931.

–, Verteidigung der Demokratie, Blätter der Staatspartei 2 (1932), 90.

–, Staatsform und Weltanschauung, Tübingen (Mohr) 1933.

–, La Dictature de Parti, Annuaire de l'Institut International de Droit Public 1935, 23.

–, Verteidigung der Demokratie. Abhandlungen zur Demokratietheorie, ausgewählt und hrsg. von Matthias Jestaedt und Oliver Lepsius, Tübingen (Mohr Siebeck) 2006.

Kern, Bernd-Rüdiger/Wadle, Elmar/Schroeder, Klaus-Peter/Katzenmeier, Christian (Hrsg.), HUMANIORA Medizin – Recht – Geschichte, Berlin/Heidelberg (Springer) 2006.

Kersting, Wolfgang, Verteidigung des Liberalismus, Hamburg (Murmann) 2009.

Kirchheimer, Otto, Zur Staatslehre des Sozialismus und Bolschewismus, Zeitschrift für Politik 17 (1928), 593.

Kirshner, Alexander S., A Theory of Militant Democracy. The Ethics of Combatting Political Extremism, New Haven, CT (Yale University Press) 2014.

Kley, Andreas, Die Vereinigung in der Zeit des Nationalsozialismus und ihre Auflösung, in: Cancik, Pascale/Kley, Andreas/Schulze-Fielitz, Helmuth/Waldhoff, Christian/Wiederin, Ewald (Hrsg.), Streitsache Staat. Die Vereinigung der Deutschen Staatsrechtslehrer 1922–2022. Tübingen (Mohr Siebeck) 2022, 39.

Koellreutter, Otto, Verwaltungsrecht und Verwaltungsrechtsprechung im modernen England. Eine rechtsvergleichende Studie, Tübingen (Mohr) 1912.

–, Der englische Staat der Gegenwart und das britische Weltreich, Breslau (Hirt) 1930.

–, Der nationale Rechtsstaat. Zum Wandel der deutschen Staatsidee, Tübingen (Mohr) 1932.

–, Diskussionsbeitrag, VVDStRL 7 (1932), 198.

–, Staatsnotrecht und Staatsauffassung, Deutsche Juristen-Zeitung 37 (1932), Sp. 39.

–, Zur Krise des liberalistischen Staatsdenkens. Zugleich ein Epilog zur Weimarer Tagung „verfassungstreuer" Hochschullehrer und zur 8. Tagung der Vereinigung deutscher Staatsrechtslehrer in Halle, Zeitschrift für Politik 21 (1932), 472.

–, Der nationale Rechtsstaat, Deutsche Juristen-Zeitung 1933, Sp. 517.

König, René/Winckelmann, Johannes (Hrsg.), Max Weber zum Gedächtnis. Materialien und Dokumente zur Bewertung von Werk und Persönlichkeit, 2. Aufl. Opladen (Westdeutscher Verlag) 1985.

Köttgen, Arnold, Die achte Tagung der Vereinigung deutscher Staatsrechtslehrer, Archiv des öffentlichen Rechts 60 (1932), 404.

Kubitscheck, Michael, Die Vertreibungen in der deutschen Staatsrechtslehre während des Nationalsozialismus. Kriterienbildung und Bestandsaufnahme, ZNR 45 (2023), 37.

–, William Ebenstein (1910–1976). Eine Spurensuche zu Leben und Werk, Jahrbuch des öffentlichen Rechts 71 (2023), 475.

–, Das Wunderkind der Weimarer Staatsrechtslehre. Fritz Ermarth (1909–1948), Jahrbuch des öffentlichen Rechts 72 (2024) (im Erscheinen).

Lang, Markus, Karl Loewenstein. Transatlantischer Denker der Politik, Stuttgart (Franz Steiner) 2007.

–, Politisches Denken bei Loewenstein, in: van Ooyen, Robert Chr. (Hrsg.), Verfassungsrealismus: Das Staatsverständnis von Karl Loewenstein, Baden-Baden (Nomos) 2007, 41.

–, Frankreich als Vorbild. Karl Loewenstein und die Grundlagen der Weimarer Demokratie, in: Söllner, Alfons (Hrsg.), Deutsche Frankreich-Bücher aus der Zwischenkriegszeit, Baden-Baden (Nomos) 2011, 101.

Langewiesche, Dieter, Liberalismus in Deutschland, Frankfurt (Suhrkamp) 1988.

Lassalle, Ferdinand, Arbeiterprogramm. Über den besonderen Zusammenhang der gegenwärtigen Geschichtsperiode mit der Idee des Arbeiterstandes, Zürich (Meyer & Zeller) 1863.

Lehnert, Detlef, Das pluralistische Staatsdenken von Hugo Preuß, Baden-Baden (Nomos) 2012.

Leibholz, Gerhard, Zu den Problemen des faschistischen Verfassungsrechts. Akademische Antrittsvorlesung, Berlin (de Gruyter) 1928.

–, Die Wahlrechtsreform und ihre Grundlagen, VVDStRL 7 (1932), 159.

–, Schlußwort, VVDStRL 7 (1932), 202.

–, Die Auflösung der liberalen Demokratie in Deutschland und das autoritäre Staatsbild, München/Leipzig (Duncker & Humblot) 1933.

–, Das Phänomen des totalen Staates, in: Der Göttinger Arbeitskreis (Hrsg.), Mensch und Staat in Recht und Geschichte. Festschrift für Herbert Kraus zur Vollendung seines 70. Lebensjahres dargebracht von Freunden, Schülern und Mitarbeitern. Kitzingen/Main (Holzner) 1954, 156.

–, Strukturprobleme der modernen Demokratie, Karlsruhe (C. F. Müller) 1958.

–, Politics and Law, Leyden (Sythoff) 1965.

–, Das Phänomen des totalen Staates, in: Seidel, Bruno/Jenker, Siegfried (Hrsg.), Wege der Totalitarismus-Forschung. 3. Aufl. Darmstadt (Wissenschaftliche Buchgesellschaft) 1974, 123.

Lepsius, Oliver, XXIX. Karl Loewenstein (1891–1973), in: Häberle, Peter/Kilian, Michael/Wolff, Heinrich Amadeus (Hrsg.), Staatsrechtslehrer des 20. Jahrhunderts: Deutschland – Österreich – Schweiz, 2. Aufl. Berlin/Boston (de Gruyter) 2018.

Lienesch, Michael, In the Beginning. Fundamentalism, the Scopes Trial, and the Making of the Antievolution Movement, Chapel Hill (The University of North Carolina Press) 2007.

Liesegang, Torsten (Hrsg.), Curzio Malaparte. Ein politischer Schriftsteller, Würzburg (Königshausen & Neumann) 2011.

Lindner, Josef Franz, Entwicklungsdynamik, VVDStRL 82 (2023), 109.

Lingelbach, Gerhard, Heinrich Gerland, in: Kern, Bernd-Rüdiger/Wadle, Elmar/Schroeder, Klaus-Peter/Katzenmeier, Christian (Hrsg.), HUMANIORA Medizin – Recht – Geschichte. Berlin/Heidelberg (Springer) 2006, 191.

Loewenstein, Karl, Erscheinungsformen der Verfassungsänderung. Verfassungsrechtsdogmatische Untersuchungen zu Artikel 76 der Reichsverfassung, Tübingen (Mohr) 1931.

–, Diskussionsbeitrag, VVDStRL 7 (1932), 192.

–, Autocracy Versus Democracy in Contemporary Europe, I, The American Political Science Review 29 (1935), 571.

–, Autocracy Versus Democracy in Contemporary Europe, II, The American Political Science Review 29 (1935), 755.

–, Law in the Third Reich, The Yale Law Journal 45 (1936), 779.

–, Militant Democracy and Fundamental Rights, I, The American Political Science Review 31 (1937), 417.

–, Militant Democracy and Fundamental Rights, II, The American Political Science Review 31 (1937), 638.

–, Hitler's Germany. The Nazi Background to War, New York (Macmillan) 1939.

–, America's Eleventh Hour, Easthampton (Easthampton News Co.) 1940 (gemeinsam mit Laurence B. Packard).

–, Political Power and the Governmental Process, Chicago (University of Chicago Press) 1957.

–, Max Webers staatspolitische Auffassungen in der Sicht unserer Zeit, Frankfurt a.M./Bonn (Athenäum) 1965.

–, Verfassungslehre, 3. Aufl. Tübingen 1975.

–, Persönliche Erinnerungen an Max Weber, in: König, René/Winckelmann, Johannes (Hrsg.), Max Weber zum Gedächtnis. Materialien und Dokumente zur Bewertung von Werk und Persönlichkeit. 2. Aufl. Opladen (Westdeutscher Verlag/Springer) 1985, 48.

–, Des Lebens Überfluß. Erinnerungen eines ausgewanderten Juristen, hrsg. von Oliver Lepsius, Robert Chr. van Ooyen und Frank Schale, Tübingen (Mohr Siebeck) 2023.

Mager, Ute, Einrichtungsgarantien. Entstehung, Wurzeln, Wandlungen und grundgesetzmäßige Neubestimmung einer dogmatischen Figur des Verfassungsrechts, Tübingen (Mohr) 2003.

Malaparte, Curzio, Der Staatsstreich, Leipzig (Tal) 1932.

McDowell, Nicholas, Poet of Revolution. The Making of John Milton, Princeton, NJ (Princeton University Press) 2020.

Moebius, Stephan, Soziologie in der Zwischenkriegszeit in Deutschland, in: Acham, Karl/Moebius, Stephan (Hrsg.), Soziologie der Zwischenkriegszeit. Ihre Hauptströmungen und zentralen Themen im deutschen Sprachraum: Band 1, Wiesbaden (Springer) 2021, 31.

Möll, Marc-Pierre, Gesellschaft und totalitäre Ordnung. Eine theoriegeschichtliche Auseinandersetzung mit dem Totalitarismus, Baden-Baden (Nomos) 1998.

Möllers, Christoph, Freiheitsgrade. Elemente einer liberalen politischen Mechanik, Berlin (Suhrkamp) 2020.

Moore, Randy, The Scopes "Monkey Trial". America's Most Famous Trial and Its Ongoing Legacy, Santa Barbara (Praeger) 2023.

Moran, Jeffrey P., The Scopes Trial. A Brief History with Documents, New York (Palgrave) 2002.
Morgenstern, Ulf, Bürgergeist und Familientradition. Die liberale Gelehrtenfamilie Schücking im 19. und 20. Jahrhundert, Paderborn (Schöningh) 2012.
Morstein Marx, Fritz, Verwaltungsrecht in England, Verwaltungsarchiv 36 (1931), 393.
–, Government in the Third Reich, New York (McGraw-Hill Book Company) 1936.
–, Totalitarian Politics, Proceedings of the American Philosophical Society 82 (1940), 1.
Moshenska, Joe, Making Darkness Light. The Lives and Times of John Milton, London (Basic Books) 2021.
Müller, Jan-Werner, Furcht und Freiheit. Für einen anderen Liberalismus, Berlin (Suhrkamp) 2019.
Mußgnug, Reinhard, II. Paul Laband (1838–1918), in: Häberle, Peter/Kilian, Michael/Wolff, Heinrich Amadeus (Hrsg.), Staatsrechtslehrer des 20. Jahrhunderts: Deutschland – Österreich –F Schweiz, 2. Aufl. Berlin/Boston (de Gruyter) 2018, 21.
Nachschlagewerk des Reichsgerichts – Gesetzgebung des Deutschen Reichs. Weimarer Zeit · Verfassungs-, Aufwertungs-, Arbeits-, Miet- und Pachtnotrecht. Band 3. Herausgegeben von Werner Schubert und Hans Peter Glöckner, Frankfurt am Main (Lang) 2007.
Nawiasky, Hans, Die Stellung der Regierung im modernen Staat, Tübingen (Mohr) 1925.
–, Der Sinn der Reichsverfassung, München (Hueber) 1931.
–, War die nationalsozialistische Revolution legal?, Schweizerische Rundschau 33 (1933/34), 891 (alias A. W.).
–, Staatstypen der Gegenwart, St. Gallen (Fehr) 1934.
Neumeyer, Karl, Karl Rothenbücher †, Zeitschrift für Öffentliches Recht 13 (1933), 1.
Olechowski, Thomas, Hans Kelsen. Biographie eines Rechtswissenschaftlers, 2. Aufl. Tübingen (Mohr Siebeck) 2021.
Ostrogorski, Moissei Jakowlewitsch, Democracy and the Organization of Political Parties, New York (Macmillan) 1902.
Özmen, Elif, Was ist Liberalismus?, Berlin (Suhrkamp) 2023.

Özmen, Elif (Hrsg.), Hans Kelsens Politische Philosophie, Tübingen (Mohr Siebeck) 2017.

Paulson, Stanley L./Stolleis, Michael (Hrsg.), Hans Kelsen. Staatsrechtslehrer und Rechtstheoretiker des 20. Jahrhunderts, Tübingen (Mohr Siebeck) 2005.

Pauly, Walter, Paul Laband (1838–1918), in: Heinrichs, Helmut (Hrsg.), Deutsche Juristen jüdischer Herkunft, München (C.H. Beck) 1993, 301.

–, Die deutsche Staatsrechtslehre in der Zeit des Nationalsozialismus, VVDStRL 60 (2001), 73.

Poetzsch-Heffter, Fritz, Vom Staatsleben unter der Weimarer Verfassung. III. (letzter) Teil (vom 1. Januar 1929 bis 31. Januar 1933), Jahrbuch des öffentlichen Rechts 21 (1933/1934), 1.

Popper, Karl R., The Open Society and Its Enemies, London (Routledge) 1945.

Quagliariello, Gaetano, Politics Without Parties. Moisei Ostrogorski and the Debate on Political Parties on the Eve of the Twentieth Century, Aldershot (Avebury) 1996.

Reiter, Julius F., Entstehung und staatsrechtliche Theorie der italienischen Carta del Lavoro, Frankfurt am Main (Lang) 2005.

Remmers, Hartmut, Hans Freyer: Heros und Industriegesellschaft. Studien zur Sozialphilosophie, Opladen (Leske + Budrich) 1994.

Ringshausen, Gerhard/Chandler, Andrew (Hrsg.), The George Bell – Gerhard Leibholz Correspondence. In the Long Shadow of the Third Reich, 1938–1958, London (Bloomsbury Academic) 2019.

Rothenbücher, Karl, Das Recht der freien Meinungsäußerung, VVDStRL 4 (1928), 6.

Rousseau, Jean-Jacques, Vom Gesellschaftsvertrag oder Grundsätze des Staatsrechts, übersetzt und hrsg. von Hans Brockard unter Mitarbeit von Eva Pietzcker, Stuttgart (Reclam) 2011.

Ruggiero, Guido de, Geschichte des Liberalismus in Europa, München (Drei-Masken-Verlag) 1930.

Schellenberg, Ulrich, Die Rechtsstaatskritik: Vom liberalen zum nationalen und nationalsozialistischen Rechtsstaat, in: Böckenförde, Ernst-Wolfgang (Hrsg.), Staatsrecht und Staatsrechtslehre im Dritten Reich, Heidelberg (C. F. Müller) 1985, 71.

Scheuner, Ulrich, Die achte Tagung der Vereinigung der deutschen Staatsrechtslehrer in Halle, Reichsverwaltungsblatt und Preußisches Verwaltungsblatt 52 (1931), 934.

Schlink, Bernhard, Laband als Politiker, Der Staat 31 (1992), 553.

Schmidt, Jörg, Otto Koellreutter. 1883–1972. Sein Leben, sein Werk, seine Zeit, Frankfurt am Main (Lang) 1995.

Schmitt, Carl, Verfassungslehre, München (Duncker & Humblot) 1928.

–, Hugo Preuss. Sein Staatsbegriff und seine Stellung in der deutschen Staatsrechtslehre, Tübingen (Mohr) 1930.

–, Der Hüter der Verfassung, Tübingen (Mohr) 1931.

–, Die Wendung zum totalen Staat, Europäische Revue 7 (1931), 241.

–, Freiheitsrechte und institutionelle Garantien der Reichsverfassung, Berlin (Hobbing) 1931.

–, Weiterentwicklung des totalen Staates in Deutschland, Europäische Revue 9 (1933), 65.

–, Verfassungsrechtliche Aufsätze aus den Jahren 1924–1954, 4. Aufl. Berlin (Duncker & Humblot) 2003.

–, Wohlerworbene Beamtenrechte und Gehaltskürzungen (1931), in: Verfassungsrechtliche Aufsätze aus den Jahren 1924–1954: Materialien zu einer Verfassungslehre. 4. Aufl. Berlin (Duncker & Humblot) 2003, 174.

–, Tagebücher 1930 bis 1934, hrsg. von Wolfgang Schuller in Zusammenarbeit mit Gerd Giesler, München (Akademie Verlag) 2010.

–, Glossarium. Aufzeichnungen aus den Jahren 1947 bis 1958, hrsg. von Gerd Giesler und Martin Tielke, 2. Aufl. Berlin (Duncker & Humblot) 2015.

Seckelmann, Margrit, „Mit Feuereifer für die öffentliche Verwaltung": Fritz Morstein Marx – Die frühen Jahre (1900–1933), DÖV 66 (2013), 401.

–, „Mit seltener Objektivität": Fritz Morstein Marx – Die mittleren Jahre (1934–1961), DÖV 67 (2014), 1029.

–, Mit Verständnis für den „Verwaltungsmann": Fritz Morstein Marx – Die späten Jahre (1962–1969), DÖV 70 (2017), 649.

Seidel, Bruno/Jenker, Siegfried (Hrsg.), Wege der Totalitarismus-Forschung, 3. Aufl. Darmstadt (Wissenschaftliche Buchgesellschaft) 1974.

Sieferle, Rolf Peter, Die konservative Revolution. Fünf biographische Skizzen (Paul Lensch, Werner Sombart, Oswald Spengler, Ernst Jünger, Hans Freyer), Frankfurt am Main (Fischer) 1995.

Smend, Rudolf, Verfassung und Verfassungsrecht, München (Duncker & Humblot) 1928.

Söllner, Alfons (Hrsg.), Deutsche Frankreich-Bücher aus der Zwischenkriegszeit, Baden-Baden (Nomos) 2011.

Steltemeier, Rolf, Liberalismus. Ideengeschichtliches Erbe und politische Realität einer Denkrichtung, Baden-Baden (Nomos) 2015.

Stolleis, Michael, Staats- und Verwaltungsrechtswissenschaft in Republik und Diktatur 1914–1945, München (C.H. Beck) 1999.

Tielke, Martin, Die Bibliothek Carl Schmitts, in: Carl-Schmitt-Gesellschaft (Hrsg.), SCHMITTIANA. NEUE FOLGE. Beiträge zu Leben und Werk Carl Schmitts. Band 1, Berlin (Duncker & Humblot) 2011, 257.

Üner, Elfriede, Soziologie als „geistige Bewegung". Hans Freyers System der Soziologie und die „Leipziger Schule", Weinheim (VCH, Acta Humaniora) 1992.

Ungern-Sternberg, Antje, Solidargemeinschaften, VVDStRL 82 (2023), 197.

van Ooyen, Robert Chr. (Hrsg.), Verfassungsrealismus. Das Staatsverständnis von Karl Loewenstein, Baden-Baden (Nomos) 2007.

–, Hans Kelsen und die offene Gesellschaft, 2. Aufl. Wiesbaden (Springer) 2017.

Vanberg, Viktor J., Liberalismus und Demokratie: Zu einer vernachlässigten Seite der liberalen Denktradition, ORDO 65 (2014), 345.

vom Bruch, Rüdiger (Hrsg.), Friedrich Naumann in seiner Zeit, Berlin/New York (de Gruyter) 2000.

Voßkuhle, Andreas, Hugo Preuß als Vordenker einer Verfassungstheorie des Pluralismus, Der Staat 50 (2011), 251.

Weber, Max, Politik als Beruf, München/Leipzig (Duncker & Humblot) 1919.

Wiegandt, Manfred H., Norm und Wirklichkeit. Gerhard Leibholz (1901–1982) – Leben, Werk und Richteramt, Baden-Baden (Nomos) 1995.

Wieland, Claus-Dietrich, Carl Schmitt in Nürnberg (1947), 1999: Zeitschrift für Sozialgeschichte des 20. und 21. Jahrhunderts 2 (1987), 96.

Wieser, Friedrich von, Der Staat, das Recht und die Wirtschaft des Bolschewismus, Berlin-Grunewald (Rothschild) 1925.

Zorn, Philipp, Die Entwicklung der Staatsrechtswissenschaft seit 1866, Jahrbuch des öffentlichen Rechts 1 (1907), 47.